A l'œuvre !

Cahier de laboratoire et Travaux complémentaires
conforme à

La Grammaire à l'œuvre

Cinquième édition

John Barson

Stanford University

Holt, Rinehart and Winston
Harcourt Brace College Publishers

Fort Worth   Philadelphia   San Diego   New York   Orlando   Austin   San Antonio
Toronto   Montreal   London   Sydney   Tokyo

Address for Editorial Correspondence:
Harcourt Brace College Publishers
301 Commerce Street, Suite 3700
Fort Worth, TX 76102

Address for Orders:
Harcourt Brace & Company
6277 Sea Harbor Drive
Orlando, FL 32887-6777
1-800-782-4479 or 1-800-433-0001 (in Florida)

(Copyright Acknowledgments begin on page 317, which constitutes a continuation of this copyright page.)

Printed in the United States of America

ISBN: 0-03-072398-1

6 7 8 9 0 1 2 3 4 5   066   9 8 7 6 5 4 3 2 1

Table des matières

Preface to the Student ix
Preface to the Teacher xi

Chapitre 1 : Le Présent et l'impératif 1

Programme de laboratoire 1

   MISE EN PRATIQUE 1

   CONVERSATIONS DIRIGÉES 3

   TEXTES DE COMPRÉHENSION 7

      Compréhension globale 7
         La Diligence
         Victor Hugo 7
      Compréhension, dictée et interprétation 9
         Le Petit Prince : « La Rencontre du renard »
         Antoine de Saint-Exupéry 9

Travaux complémentaires 17

   MISE AU POINT 17

   PROJETS DE COMMUNICATION 24

Chapitre 2 : La Narration au passé 25

Programme de laboratoire 25

   MISE EN PRATIQUE 25

   CONVERSATIONS DIRIGÉES 27

   TEXTES DE COMPRÉHENSION 32

      Compréhension globale 32
         Les Confessions : « Les Cerises »
         Jean-Jacques Rousseau 32
      Compréhension, dictée et interprétation 34
         Lullaby
         Jean-Marie Le Clézio 35

Travaux complémentaires 45

   MISE AU POINT 45

Chapitre 3 : L'Interrogation *65*

Programme de laboratoire 65

    MISE EN PRATIQUE 65

    CONVERSATIONS DIRIGÉES 68

    TEXTES DE COMPRÉHENSION 71

        Compréhension globale 71

            Les Misérables : « Tempête sous un crâne »

            Victor Hugo 72

        Compréhension, dictée et interprétation 73

            Conjugaisons et interrogations

            Jean Tardieu 74

Travaux complémentaires 77

    MISE AU POINT 77

    PROJETS DE COMMUNICATION 83

Chapitre 4 : Le Futur et le conditionnel *85*

Programme de laboratoire 85

    MISE EN PRATIQUE 85

    CONVERSATIONS DIRIGÉES 87

    TEXTES DE COMPRÉHENSION 91

        Compréhension globale 91

            Exercices de conversation et de diction françaises pour étudiants américains : « Le Futur »

            Eugène Ionesco 91

            Les Fleurs du mal : « L'invitation au voyage »

            Charles Baudelaire 94

        Compréhension, dictée et interprétation 96

            Pierre et Jean : Préface

            Guy de Maupassant 96

Travaux complémentaires 101

    MISE AU POINT 101

    PROJETS DE COMMUNICATION 111

Chapitre 5 : Les Déterminants *113*

Programme de laboratoire 113

    MISE EN PRATIQUE 113

CONVERSATIONS DIRIGÉES 115

TEXTES DE COMPRÉHENSION 118

   Compréhension globale 118

      Recette de cuisine : Le Coq au vin 118

   Compréhension, dictée et interprétation 120

      La Nuit des temps
      René Barjavel 120

Travaux complémentaires 127

   MISE AU POINT 127

   PROJETS DE COMMUNICATION 137

Chapitre 6 : Les Pronoms 139

Programme de laboratoire 139

   MISE EN PRATIQUE 139

   CONVERSATIONS DIRIGÉES 142

   TEXTES DE COMPRÉHENSION 147

      Compréhension globale 147

         « La Couverture partagée » (« La Housse partie »)
         Bernier 148

      Compréhension, dictée et interprétation 149

         Exercices de conversation et de diction françaises pour étudiants américains :
         « Leçon sur la politesse »
         Eugène Ionesco 150

Travaux complémentaires 155

   MISE AU POINT 155

   PROJETS DE COMMUNICATION 159

Chapitre 7 : Les Verbes pronominaux 161

Programme de laboratoire 161

   MISE EN PRATIQUE 161

   CONVERSATIONS DIRIGÉES 163

   TEXTES DE COMPRÉHENSION 167

      Compréhension globale 167

         Histoire de Lise 167

      Compréhension, dictée et interprétation 169

         L'Homme propre
         Charles Cros 169

Travaux complémentaires 175

    MISE AU POINT 175

    PROJETS DE COMMUNICATION 183

Chapitre 8 : La Négation *185*

Programme de laboratoire 185

    MISE EN PRATIQUE 185

    CONVERSATIONS DIRIGÉES 187

    TEXTES DE COMPRÉHENSION 192

        Compréhension globale 192

            Nicolas 192

        Compréhension, dictée et interprétation 193

            Les Poètes : « Poème sans titre »

            Louis Aragon 194

Travaux complémentaires 199

    MISE AU POINT 199

    PROJETS DE COMMUNICATION 205

Chapitre 9 : Le Genre, le nombre et les adjectifs *207*

Programme de laboratoire 207

    MISE EN PRATIQUE 207

    CONVERSATIONS DIRIGÉES 211

    TEXTES DE COMPRÉHENSION 217

        Compréhension globale 217

            La Peur

            Guy de Maupassant 217

        Compréhension, dictée et interprétation 220

            La Vénus d'Ille

            Prosper Mérimée 220

            Les Fleurs du mal : « La Beauté »

            Les Fleurs du mal : « Hymne à la beauté »

            Charles Baudelaire 226

Travaux complémentaires 229

    MISE AU POINT 229

    PROJETS DE COMMUNICATION 239

Chapitre 10 : Le Subjonctif *241*

Programme de laboratoire 241

   MISE EN PRATIQUE 241

   CONVERSATIONS DIRIGÉES 243

   TEXTES DE COMPRÉHENSION 247

      Compréhension globale 247

      Lettres Persanes : « Les Troglodytes »

      Montesquieu 247

      Compréhension, dictée et interprétation 249

      Lettre de Gargantua à son fils Pantagruel

      François Rabelais 249

Travaux complémentaires 255

   MISE AU POINT 255

   PROJETS DE COMMUNICATION 261

Chapitre 11 : Les Propositions relatives *263*

Programme de laboratoire 263

   MISE EN PRATIQUE 263

   CONVERSATIONS DIRIGÉES 267

   TEXTES DE COMPRÉHENSION 269

      Compréhension globale 269

      Paroles : « Le Message »

      Jacques Prévert 269

      Compréhension, dictée et interprétation 272

      Le Cadeau de mariage

      Michelle Maurois 272

Travaux complémentaires 279

   MISE AU POINT 279

   PROJETS DE COMMUNICATION 285

Chapitre 12 : Le Discours indirect *287*

Programme de laboratoire 287

   MISE EN PRATIQUE 287

   CONVERSATIONS DIRIGÉES 290

TEXTES DE COMPRÉHENSION 295

Compréhension globale 295

Un faux-pas 295

Lettre à M. de Pomponne
Mme de Sévigné 296

Compréhension, dictée et interprétation 298

Le Proverbe
Guy de Maupassant 298

Travaux complémentaires 305

MISE AU POINT 305

PROJETS DE COMMUNICATION 312

Sujets de devoirs écrits ou de discussions 313

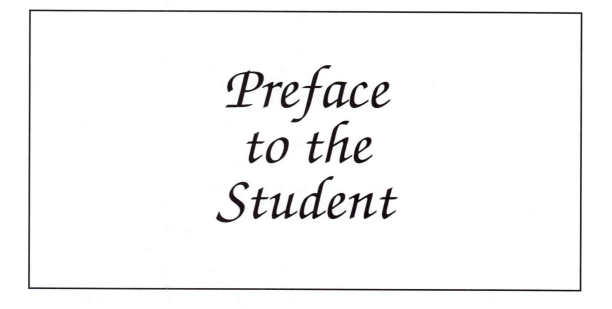

Preface to the Student

The present laboratory program and workbook are designed to complement the fifth edition of *La Grammaire à l'œuvre,* giving you language practice on several levels. Each chapter in *A l'œuvre!* contains the *Programme de laboratoire* and *Travaux complémentaires,* a set of complementary written exercises and suggestions for written and oral projects. The *Programme de laboratoire* is made up of the following sections:

- *Mise en pratique* offering warm-up situations dealing with familiar topics and covering the most essential material of the lesson.

- *Conversations dirigées* reproducing in modified form the *Conversations* exercises found in *La Grammaire à l'œuvre.*

- *Textes de compréhension* containing two texts—one intended for global comprehension and the other offering aural comprehension practice, dictation practice, and written topics for short essays based on the reading.

The *Travaux complémentaires* section presents written practice under the headings: *Mise au point* and *Projets de communication.* The *Mise au point* exercises are similar to those found in *La Grammaire à l'œuvre* under the same heading—specific-point coverage of the key elements of each chapter. Where possible, extended context is provided with grammar points embedded in paragraphs or short stories. In addition to adding interest to the exercise material, exposure to larger segments of discourse will, it is hoped, familiarize you over time with the many registers and uses of prose. Similar insights can be drawn from the listening comprehension texts in the laboratory program, because they represent a broad range of written styles—poetry, narrative prose, and theater.

Of special note are the following aspects of *A l'œuvre!*

1. The laboratory sections—*Mise en pratique* and *Conversations dirigées*—provide numerous written cues to assist your recall as well as to indicate the general direction of response intended. It will be necessary to refer to the manual, paying special attention to the examples provided at the beginning of each exercise. A four-phase model is used in most cases:

    *   Stimulus or question provided by a master voice (these are sometimes brief conversational exchanges between two people)

    *   Student response (using cues provided in the manual)

    *   Correct answer provided on the tape by the master voice

    *   Student echo of the correct answer

    In some cases, your oral response stems directly from a printed cue in the manual rather than from an auditory cue. Pay special attention to the models provided.

2. The *Conversations dirigées* exercises are adapted from the main text *La Grammaire à l'œuvre*. Bear in mind that, in most cases, you are responding to questions asked by fellow students; consequently, the use of the *tu* form is appropriate. In a number of conversations, you will be asked to play the part of another person. The *Conversations* section can be done either before class as preparation or afterwards as reinforcement. Note that the printed cues, in addition to guiding your response, are intended to help you keep the material you have heard in mind as you respond.

3. The *Compréhension globale* section contains material for overall comprehension, followed by content questions. You will find different genres: fiction, poetry, and theater. Some key vocabulary is provided to assist comprehension. Incipits are also provided as cues for the *Compréhension globale* texts.

4. The *Compréhension, dictée et interprétation* section combines listening comprehension with cloze dictation practice (i.e., selected words and phrases deleted from the text and to be restored by the listener). Following each text are content questions and suggestions for analysis or interpretation of the texts.

5. The *Travaux complémentaires* section offers extensive practice for the main points of each chapter, including fill-ins, sentence writing and suggestions for classroom discussions and essays (*Projets de communication*). Occasionally, as in *Étude de verbes*, page references to the *Constructions* section of *La Grammaire à l'œuvre* indicate material to be reviewed in connection with the exercises.

It is important to remember that the ultimate goal of grammar study is not the performance of exercises but the acquisition of requisite language competence for mature self-expression. It is hoped that intelligent use of this tape program and associated workbook in conjunction with *La Grammaire à l'œuvre* will lead you in that direction.

Preface to the Teacher

The fifth edition of *A l'œuvre!* continues to serve, as in previous editions, as a companion to *La Grammaire à l'œuvre,* providing oral reinforcement for key grammar points, listening comprehension texts, and specific-point grammar practice. Increased emphasis has been placed on extended context, both in the language-practice exercises and in the comprehension texts. Even within the warm-up practice contained in *Mise en pratique,* effort has been made to embed sentences in situations or invoke role play so that the validity of the interactional exchange takes precedence over the mechanical aspect of rehearsing certain grammatical patterns.

The *Conversations dirigées* exercises contained in *La Grammaire à l'œuvre* have been included in the laboratory program with the adjustments necessary for articulating these conversational schemas in an oral tape environment. Students can refer to these exercises either as a means of preparing for classroom performance or as a post-class reinforcement. Written cues in the student manual guide students and structure their response. Some role-playing is included so that students can simulate involvement in conversations with the voices they hear on the tape.

The laboratory program contains two listening comprehension sections: *Compréhension globale* and *Compréhension, dictée et interprétation.* The first text is intended for overall comprehension and is accompanied by vocabulary aids and content questions that students can answer in writing and turn in for correction. The second section usually contains a longer text for sustained listening practice, incorporating a cloze dictation focused, where possible, on grammar points relevant to the chapter under study. Two conventional dictations have also been provided in cases where it is contextually appropriate. Included in the comprehension texts are adaptations of stories by Zola, Hugo, Rabelais, Ionesco,

Rousseau, Saint-Exupéry, Le Clézio, Tardieu, Maupassant, Barjaval, Bernier, Cros, Aragon, Mérimée, Baudelaire, Montesquieu, Prévert, and Maurois (Michelle). Texts were selected on the strength of their interest and adaptability to a listening environment. The questions following the texts and suggestions for classroom activities and essays stress comprehension and reflexion rather than any systematic literary perception or analysis. Students are expected to demonstrate some sensitivity to the texts and relate interpretations to their own experiences or observations. Approximate space has been provided for writing answers to questions. In the case of the *Réflexion* section, it is assumed that students will choose among the topics and write answers on the blank lines provided at the end of the section. Students electing to do more can turn their work in on separate sheets or on diskettes.

A complete tapescript is available to teachers upon request from Harcourt Brace College Publishers.

The *Travaux complémentaires* are an extension of the exercises found in the main text under the rubrics *Mise au point* and *Projets de communication*. Because *La Grammaire à l'œuvre* and *A l'œuvre!* can be used in one-semester and two-semester (or two-quarter–three-quarter) sequences, teachers are free to adjust the amount of assigned written work appropriately.

A final section, *Sujets de devoirs écrits ou de discussion,* provides additional topics. These could be of particular use in French language courses having a more sustained emphasis on written French.

In a day and age where traditional aural–oral language labs are increasingly being replaced by video and multimedia facilities, every effort has been made to furnish, within the constraints of an audiotape environment, a set of materials capable of capturing student attention and of affording students viable listening practice, at the same time inviting them to note selected language features under study. The essential goal is to encourage a more global address to the manner in which language ultimately articulates successfully communication between interlocutors, invoking a wide range of discourse features, registers, and styles.

With an abundance of options from which to choose, students can be encouraged to select topics of special interest to them, thus making their writing practice a valuable experience undertaken in a spirit of communication. What students are ultimately able to create will be the final measure of their success in traversing the terrain of pedagogically organized practice. The latter should never be an end in itself, but rather a means to reach the ultimate goal of coherent, relevant, and even inspired, self-expression.

Acknowledgments

I wish to thank Laurence Ravat for her diligent assistance in selecting and preparing the listening comprehension texts and for her contribution to the revisions of the *Mise en pratique* section of the laboratory program. I am also grateful to the editorial and production staff at Harcourt Brace College Publishers: Nancy Siegel, Tashia Stone, and Karen Masters. Special thanks are also due to Chris Johnson for his careful attention to the preparation and recording of the tape program.

Chapitre

1

Le Présent et l'impératif

Programme de laboratoire

MISE EN PRATIQUE

Exercice 1

Pour le magazine de votre lycée, vous êtes chargée/chargé d'interviewer un étudiant tchèque, Ian, qui est arrivé dans votre classe pour un échange. Posez les questions à la forme vous *d'après les indications fournies dans votre cahier.*

EXEMPLE :   Votre cahier indique : (avoir / âge) ?
Vous dites : Quel âge avez-vous ?
Vous entendez Ian dire : Moi, j'ai vingt ans.

1. ***Vous :***   (parler / anglais) ?
    Ian :   …

2. ***Vous :***   (faire / sport) ?
    Ian :   …

3. ***Vous :***   (aimer / genre de films) ?
    Ian :   …

4. ***Vous :***   (recevoir / lettres / parents) ?
    Ian :   …

Holt, Rinehart and Winston, Inc.

5. ***Vous :***   (écrire à) ?
   Ian :   ...

6. ***Vous :***   (boire / au petit déjeuner) ?
   Ian :   ...

7. ***Vous :***   (manger / d'habitude / à midi) ?
   Ian :   ...

8. ***Vous :***   (acheter / des billets de première classe quand / voyager / en avion) ?
   Ian :   ...

9. ***Vous :***   (dormir / pendant / cours) ?
   Ian :   ...

Exercice 2

Mettez le verbe des phrases que vous entendrez au pluriel, en ajoutant le sujet de la phrase entendue au deuxième sujet écrit dans votre cahier. C'est un ami, Jean-Marc, qui vous parle.

Exemple :   Vous entendez Jean-Marc dire : Jean-Philippe est malade.
Votre cahier indique : et Marie (être)...
Vous dites : Jean-Philippe et Marie sont malades.

1. **Jean-Marc :**   ...
   Vous :   ... et Yves (venir me voir)...

2. **Jean-Marc :**   ...
   Vous :   ... et moi... (être)...

3. **Jean-Marc :**   ...
   Vous :   ... et sa femme (aimer se promener)...

4. **Jean-Marc :**   ...
   Vous :   ... et la tondeuse à gazon (être)...

5. **Jean-Marc :**   ...
   Vous :   ... et son adjoint (aller)...

6. **Jean-Marc :**   ...
   Vous :   ... et moi (détester)...

7. **Jean-Marc :**   ...
   Vous :   ... et toi... (lire)...

8. **Jean-Marc :**   ...
   Vous :   ... et le beurre (faire)...

Exercice 3

Écoutez attentivement le petit texte suivant. Vous entendrez ensuite une série d'affirmations. Cochez dans votre cahier les phrases qui vous semblent correctes. Un jeune homme, Chris, se lamente.

_____   Les amis de Chris ne lui téléphonent jamais.

_____   Chris sort tous les soirs.

_____   Chris boit de la bière tous les jours.

_____   Chris lit beaucoup de livres.

_____   Chris a du mal à se concentrer.

_____   Chris fait des pizzas pour ses amis.

_____   Chris prend plaisir à être avec ses amis.

_____   Les amis de Chris ont besoin de dormir.

CONVERSATIONS DIRIGÉES

Conversation I

Répondez aux questions qu'on vous posera selon les indications données dans votre cahier.

Exemple :   Vous entendez : Joues-tu au football ?
             Votre cahier indique : Non, je... (jouer / football).
             Vous dites : Non, je ne joue pas au football.

Situation 1 : Les distractions

C'est une amie, Marie-Hélène, qui vous parle.

1. **Marie-Hélène :**   ... ?
         Vous : Oui, je (jouer / tennis).

2. **Marie-Hélène :**   ... ?
         Vous : Je (préférer / volley-ball).

3. **Marie-Hélène :**   ... ?
         Vous : Oui, je (faire / cuisine).

4. **Marie-Hélène :**   ... ?
         Vous : Je (faire le mieux / coq au vin).

5. **Marie-Hélène :**   … ?
    Vous :   Je (aimer / musique rock).

6. **Marie-Hélène :**   … ?
    Vous :   Oui, je (lire / journaux).

7. **Marie-Hélène :**   … ?
    Vous :   Oui, je (regarder / télé).

8. **Marie-Hélène :**   … ?
    Vous :   Moi, je (préférer / informations).

Situation 2 : Les études

C'est un ami, Nicolas, qui vous parle.

1. **Nicolas :**   … ?
    Vous :   Je (suivre / cours d'ingénierie).

2. **Nicolas :**   … ?
    Vous :   Oui, je (avoir / professeurs originaux).

3. **Nicolas :**   … ?
    Vous :   Je (étudier / dans ma chambre / le soir).

4. **Nicolas :**   … ?
    Vous :   Je (acheter / manuels scolaires / librairie universitaire).

5. **Nicolas :**   … ?
    Vous :   Non, je… (faire / dissertations / chaque semaine).

6. **Nicolas :**   … ?
    Vous :   Oui, je (recevoir / bonnes notes / mes professeurs).

Conversation II

Situation : « Tu n'as pas de chance ! »

Écoutez chacun des échanges entre Vincent et Olga. Ensuite, répondez à la question que vous pose votre ami Nicolas.

Exemple :   Vous entendez :   **Vincent :** J'étudie le calcul.
                          Olga : Moi, je fais des expériences de chimie.
                          Nicolas : Que fait Olga ?
          Votre cahier indique : Elle… (expériences de chimie).
          Vous dites : Elle fait des expériences de chimie.

1. **Vincent… Olga… Nicolas… ?**
    Vous :   Elle… (pizza).

Holt, Rinehart and Winston, Inc.

2. **Vincent… Olga… Nicolas… ?**
   Vous : Ils… (pièces de théâtre).

3. **Vincent… Olga… Nicolas… ?**
   Vous : Il… (notes / après chaque cours).

4. **Vincent… Olga… Nicolas… ?**
   Vous : Ils… (concert).

5. **Vincent… Olga… Nicolas… ?**
   Vous : Il… (expériences scientifiques).

6. **Vincent… Olga… Nicolas… ?**
   Vous : Il… (recherches à la bibliothèque).

7. **Vincent… Olga… Nicolas… ?**
   Vous : Il… (de l'ordre dans sa chambre).

8. **Vincent… Olga… Nicolas… ?**
   Vous : Ils… (de la planche à voile).

9. **Vincent… Olga… Nicolas… ?**
   Vous : Elle… (volley-ball).

10. **Vincent… Olga… Nicolas… ?**
    Vous : Elle… (dix heures par jour).

Conversation III

Situation 1 : Le malade imaginaire

Imaginez que vous jouez le rôle d'un malade imaginaire, Hubert ; il ne se sent pas bien; il ne veut pas sortir et profite dans la mesure du possible de la bonne volonté de son camarade de chambre, Philippe. Complétez les phrases d'Hubert en suivant les indications données dans votre cahier.

Philippe : …
  Hubert : [Allongé sur le divan avec un sac de glace sur le front] Ah, je n'en peux plus. J'ai une de ces migraines ! (Apporter)-moi quelque chose.

Philippe : …
  Hubert : (Apporter)-les-moi, s'il te plaît ? J'ai la tête qui brûle et les jambes en coton.

Philippe : [criant de la salle de bains] … ?
  Hubert : (Ouvrir) le tiroir de gauche et (regarder) sous le paquet de lames de rasoir.

Philippe : … !
Hubert : Et puis, (apporter)-moi un peu d'eau pour que je puisse les avaler.

Philippe : …
Hubert : Au contraire, j'ai faim. On dit qu'il faut nourrir les rhumes. Je sais que tu es très occupé, mais (être) gentil. (Aller) au magasin du coin, (acheter) du lait, du pain et du fromage. Et pendant que tu y es, (regarder) s'il y de bons fruits… des oranges surtout. La vitamine C, tu sais ! Non, tout compte fait, je préfère manger une soupe. (Prendre) une boîte de soupe au poulet et une aux champignons.

Philippe : … ?
Hubert : (Ne pas faire) l'idiot ! Pour le dessert, peut-être du yaourt. On dit que c'est bon pour les intestins. Et quelques gâteaux secs si tu trouves ceux que j'aime. (Lire) bien les étiquettes. (Ne pas prendre) de pâtisseries pleines de mauvaises graisses et de produits chimiques.

Philippe : …
Hubert : (Payer) avec ta carte de crédit. Je te rembourserai dès que je serai remis.

Philippe : …
Hubert : (Être) gentil et (faire / le) pour moi. (Passer) un coup de fil à *Rapida Pizza*. (Commander) une grande pizza aux anchois, aux olives noires, au saucisson, aux champignons, aux poivrons verts, aux crevettes, aux artichauts et…
Philippe : … !

Situation 2 : Consultation avec la professeur

Dans le dialogue suivant, Madame Pellegrin, une professeur sympathique, donne des conseils à Raymond, un étudiant de bonne volonté, mais pas très sûr de lui. Notez que Mme Pellegrin a une secrétaire qui interrompt la conversation. Vous jouerez le rôle de Mme Pellegrin.

Raymond : …
Mme Pellegrin : On dirait que le 19ème siècle vous intéresse particulièrement. Ce sont d'excellents textes. (Choisir) celui qui vous plaît le plus, (le lire) attentivement et (prendre) quelques notes pour ne pas oublier vos premières impressions. C'est essentiel parce que ce sont des romans assez longs et très importants.

Raymond : …
Mme Pellegrin : (Avoir) le courage de travailler chaque soir. La persévérance vient à bout de tout.

La secrétaire : …
Mme Pellegrin : (lui dire) que je regrette infiniment, mais que je ne peux pas venir à l'appareil en ce moment. Prenez son numéro et (le rassurer) que je rappellerai dans un quart d'heure.

NOM _____ **DATE** _____ **COURS** _____

La secrétaire : …
Mme Pellegrin : Alors, (pardonner) l'interruption, vous disiez…

Raymond : …
Mme Pellegrin : (Résister) à la tentation de lire une traduction. (Venir me voir) si vous avez des difficultés.

TEXTES DE COMPRÉHENSION

Compréhension globale

Vous écouterez d'abord un texte de Victor Hugo, intitulé La Diligence. *Dans ce pamphlet célèbre, Victor Hugo attaque Louis-Napoléon qui a pris le pouvoir par le coup d'État du 2 décembre 1851. L'année suivante, il a obtenu 7 500 000 voix au plébiscite qui allait faire de lui Napoléon III. Il a été empereur jusqu'en 1870.*

La Diligence

Victor Hugo*

VOCABULAIRE

diligence (f)   *stagecoach*
saisir à l'improviste   *to take unawares*
souffler   *to breathe*
brûler la cervelle (à qqn)   *to blow someone's brains out*
pavé (m)   *highway*
reins (m)   *back*
fouiller   *to search, rummage through*
malle (f)   *suitcase*
pillé   *pillaged*
de plein gré   *willingly*
plume (f)   *quill, pen*
boue (f)   *mud*
étendre   *to stretch out, extend*
gueule (f)   *muzzle (of gun)*

• • •

Narratrice : Un brigand arrête une diligence au coin d'un bois…
Brigand : Maintenant, afin de me mettre en règle avec la justice, …
Narratrice : Les voyageurs étendent le bras…
Brigand : J'ai…

• • •

———

*Victor Hugo (1802–1885)   Romancier, dramaturge et poète du dix-neuvième siècle. Particulièrement connus parmi ses romans historiques sont *Notre-Dame de Paris* et *Les Misérables*.

Holt, Rinehart and Winston, Inc.

Questions

1. Quels forfaits *(crimes)* le brigand et ses complices commettent-ils ?

   _____

   _____

   _____

   _____

   _____

   _____

   _____

   _____

2. Expliquez l'ironie du passage suivant : « On va vous mettre à chacun une plume dans la main, et, sans dire un mot, sans faire un geste, sans quitter l'attitude où vous êtes… Le ventre contre terre, la face dans la boue… Si quelqu'un bouge ou parle, voici la gueule de mon pistolet. Du reste, vous êtes libres. »

   _____

   _____

   _____

   _____

   _____

   _____

   _____

3. D'après cette anecdote, quelle est l'opinion de Victor Hugo sur la prise du pouvoir par Napoléon ?

   _____

   _____

   _____

NOM _____ **DATE** _____ **COURS** _____

_____

_____

_____

_____

_____

4. Quels autres exemples de coups d'État pouvez-vous citer ?

_____

_____

_____

_____

_____

_____

_____

_____

Compréhension, dictée et interprétation

Le Petit Prince : « La Rencontre du renard »

Antoine de Saint-Exupéry*

Écoutez maintenant un extrait du Petit Prince *d'Antoine de Saint-Exupéry, reproduit dans votre cahier. En écoutant le texte, remplissez les tirets par les mots qui manquent. Ensuite, répondez aux questions.*

Résumé : *Dans le récit du* Petit Prince *d'Antoine de Saint-Exupéry, un jeune garçon, après un*

fabuleux voyage interplanétaire, où il _____ de

diverses grandes personnes très bizarres, échoue finalement sur la Terre, dans le désert du Sahara.

---

*Saint-Exupéry, Antoine de (1900–1944) Aviateur et écrivain. Auteur du *Petit Prince,* un récit fantaisiste qui a paru en 1943 ; c'est un résumé de la philosophie de l'auteur, quant à l'importance de l'engagement dans la vie. Il a écrit aussi *Vol de nuit.*

Toujours à la recherche d'un ami, _____ à longues

oreilles pointues, qui lui donne des leçons de sagesse importantes. Sur les autres planètes visitées, le

petit prince parle à un businessman _____, et

_____ parce qu'il y a pensé le premier, un

géographe qui manque d'explorateurs pour déterminer la topographie de sa planète, un allumeur de

réverbère qui, fidèle à son travail, _____

toutes les trente secondes un réverbère sur une planète inhabitée, un monarque absolu

_____ et donne toujours des ordres raisonnables

que personne n'écoute, un buveur _____

_____. Toutes ces grandes personnes n'impressionnent

pas le petit prince, qui les écoute attentivement, leur pose beaucoup de questions pour mieux les

comprendre, mais _____. Le petit prince désire

apprendre les principes essentiels de la vie : le principe des affaires, le principe du gouvernement,

l'administration de la justice, les procédés de la recherche scientifique. _____

que les grandes personnes n'ont pas de points de vue très raisonnables. Ce sera finalement d'un

renard, rencontré au hasard dans le désert du Sahara, au milieu de nulle part, qu'il apprendra le

vrai sens de la vie et l'importance de la responsabilité _____

_____ quelqu'un, c'est-à-dire l'effort qu'on fait pour créer des liens.

Le texte de Saint-Exupéry reprend :

C'est alors qu'apparut le renard :

— Bonjour.

— Bonjour, répondit poliment le petit prince, qui se retourna mais ne vit rien.

—Je suis là, dit la voix, sous le pommier…

— _____ ? Tu es bien joli…

NOM _____ **DATE** _____ **COURS** _____

—Je suis un renard, dit le renard.

— _____, lui proposa le petit prince. Je suis

tellement triste…

— _____ avec toi, dit le renard. Je ne suis

pas apprivoisé.

—Ah ! pardon, fit le petit prince.

Mais, après réflexion, il ajouta :

— Qu'est-ce que signifie « apprivoiser » ?

— Tu n'es pas d'ici, dit le renard, que cherches-tu ?

— Je cherche les hommes, dit le petit prince. Qu'est-ce que signifie « apprivoiser » ?

— Les hommes, dit le renard, ils ont des fusils et ils chassent. C'est bien gênant !

_____. C'est leur seul intérêt. Tu cherches

des poules ?

— Non, dit le petit prince. Je cherche des amis. Qu'est-ce que signifie « apprivoiser » ?

— C'est une chose trop oubliée, dit le renard. Ça signifie « créer des liens… »

— Créer des liens ?

— Bien sûr, dit le renard. Tu n'es encore pour moi qu'un petit garçon tout semblable à

cent mille petits garçons. Et _____. Et tu

n'as pas besoin de moi non plus. Je ne suis pour toi qu'un renard semblable à cent mille

renards. Mais, _____, nous aurons besoin

l'un de l'autre. Tu seras pour moi unique au monde. Je serai pour toi unique au monde…

— Je commence à comprendre, dit le petit prince. Il y a une fleur…

_____ qu'elle m'a apprivoisé…

Holt, Rinehart and Winston, Inc.

— C'est possible, dit le renard. _____ toutes

sortes de choses…

— Oh ! Ce n'est pas sur la Terre, dit le petit prince.

Le renard parut très intrigué :

— Sur une autre planète ?

— Oui.

— _____, sur cette planète-là ?

— Non.

— Ça, c'est intéressant ! Et des poules ?

— Non.

— Rien n'est parfait, soupira le renard.

Mais le renard revint à son idée :

— Ma vie est monotone. Je chasse les poules, les hommes me chassent. Toutes les poules

se ressemblent, et tous les hommes se ressemblent. _____

_____. Mais, si tu m'apprivoises, ma vie sera comme ensoleillée. Je connaîtrai un

bruit de pas qui sera différent de tous les autres. Les autres pas _____

_____. Le tien m'appellera hors du terrier, comme une musique. Et

puis regarde ! _____, là-bas, les champs de blé *(wheat)* ? Je ne

mange pas de pain. Le blé pour moi est inutile. Les champs de blé _____

_____. Et ça, c'est triste ! Mais tu as des cheveux couleur

d'or. Alors ce sera merveilleux quand tu m'auras apprivoisé ! Le blé, qui est doré, me fera

souvenir de toi. Et j'aimerai le bruit du vent dans le blé…

Le renard se tut et regarda longtemps le petit prince :

— S'il te plaît… _____, dit-il !

— Je veux bien, mais je n'ai pas beaucoup de temps. J'ai des amis à découvrir et beaucoup de choses à connaître.

— _____ que les choses que l'on apprivoise, dit le renard. Les hommes n'ont plus le temps de rien connaître. _____ _____ chez les marchands. Mais comme il n'existe point de marchands d'amis, les hommes n'ont plus d'amis. _____, apprivoise-moi !

Questions

1. Pourquoi le renard n'a-t-il pas d'amis ?

   _____

   _____

   _____

2. En quoi consiste la vie du renard ? En est-il satisfait ?

   _____

   _____

   _____

3. Que signifie « apprivoiser » ?

   _____

   _____

   _____

4. Quels sont les avantages d'apprivoiser les amis ?

   _____

   _____

   _____

5. Pourquoi, selon le renard, les hommes n'ont-ils pas d'amis ?

_____

_____

_____

Réflexion

A. *Dans le texte que vous venez d'entendre, le renard dit : « Les hommes, ils ont des fusils et ils chassent. » Cette définition reflète le point de vue très précis du renard sur l'humanité. Essayez à votre tour de fournir des définitions de l'homme, soit de votre perspective, soit de la perspective d'un animal, d'une plante…*

Par exemple :
« Les hommes, ils manquent de racines et ça les gêne beaucoup. » C'est l'opinion d'une fleur du désert dans *Le Petit Prince* de Saint-Exupéry.

Les hommes, ils _____.

Les hommes, ils _____.

Les femmes, elles _____.

Les femmes, elles _____.

Les enfants, ils _____.

Les enfants, ils _____.

B. *Les renards sont, de réputation, des créatures très rusées ; dans ce texte, le renard fait preuve d'une grande sagesse. A votre avis, que veut dire le renard quand il parle des concepts suivants ? Donnez des exemples basés sur votre expérience de la vie.*

« S'il te plaît… apprivoise-moi ! » (l'importance de créer des liens)

_____

_____

_____

_____

_____

NOM _____   **DATE** _____   **COURS** _____

« Le blé qui est doré me fera souvenir de toi. » (l'importance du souvenir)

_____

_____

_____

_____

_____

« Comme il n'existe point de marchand d'amis, les hommes n'ont plus d'amis. »
(l'importance de l'amitié et les dangers de la société de consommation)

_____

_____

_____

_____

_____

NOM _____ **DATE** _____ **COURS** _____

Travaux complémentaires

MISE AU POINT

I. *Refaites les phrases avec le sujet donné entre parenthèses.*

1. Je fais de l'auto-stop. (Jean-Philippe)

   _____

2. Nous allons à Cuba. (Est-ce que tu)

   _____

3. Henri boit de l'eau avec tous ses repas. (Mes parents)

   _____

4. J'agis souvent sans réfléchir. (Ces enfants)

   _____

5. Mon père me dit toujours la même chose. (Vous)

   _____

6. Nous lisons *L'Express*. (Tu)

   _____

7. Nous devenons impatients. (Je)

   _____

8. Le lait contient des vitamines. (Les épinards)

   _____

9. Nous ne pouvons pas vous accompagner à Port-au-Prince. (Elle)

   _____

10. Ils dorment quelquefois sur le divan. (Henri)

    _____

11.   Nous devons être à l'heure. (Tu)

_____

12.   Ce magazine vaut $3,50. (Ces bonbons)

_____

13.   Tu ne fais pas attention aux panneaux de signalisation *(traffic signs)*. (Le chauffeur de l'autre voiture)

_____

14.   Nous mourons de soif. Nous allons prendre une limonade. (Je)

_____

15.   Je crois à la réincarnation. (Mes amis)

_____

16.   Barbara met toujours des pulls lorsqu'elle va en cours. (Édouard et Henri)

_____

17.   Mes amis connaissent un bon café près de la salle de concert. (Viviane)

_____

II.   Révision des verbes à changements orthographiques. *Mettez les verbes entre parenthèses à la forme correcte du présent ou de l'impératif.*

1.   Christophe (ne pas nettoyer) _____ sa chambre. Il (jeter)

_____ ses vêtements par terre sous le lit. Quel désordre !

2.   Que faites-vous l'apres-midi ? —Nous (nager) _____ puis nous

(étudier) _____ une heure ou deux.

3.   J'(espérer) _____ qu'il fera beau demain. J'ai envie de faire une excursion.

4.   —Comment (s'appeler) _____ cet oiseau ?

—C'est un perroquet.

NOM _____ **DATE** _____ **COURS** _____

5. Nous (ne pas manger) _____ parce que nous (essayer)

    _____ de maigrir.

6. Ils (amener) _____ souvent leur chien quand ils viennent dîner.

7. Quelle sorte de papier (employer) _____-tu ?

8. Marie-Louise (acheter) _____ des légumes frais ?

9. Laure (suggérer) _____ de faire une promenade dans le bois.

10. D'un air résolu, l'agent de police a dit : « (Forcer) _____ la porte
    s'il n'y a pas d'autre moyen de pénétrer dans l'appartement. »

11. Notre invité (répéter) _____ toujours les mêmes histoires sans s'en
    rendre compte.

III. *Mettez les verbes entre parenthèses au présent.*

Voyage circulaire *(adapté librement d'un conte d'Émile Zola)*

Il y a huit jours que Lucien Bérard et Hortense Larivière (être) _____

mariés. Ils (travailler) _____ tous les deux dans une petite boutique

qu'ils ont reçue en cadeau de mariage de Madame Larivière, la mère d'Hortense. Celle-ci

(être) _____ une femme prude, de caractère despotique, qui (diriger)

_____ les affaires de la boutique. Comme elle (habiter) _____

une chambre qu'elle s'est réservée dans l'appartement des jeunes gens, elle (surveiller)

_____ constamment les nouveaux mariés et (désapprouver)

_____ toute marque de tendresse et d'affection. Il n'est pas question de

s'embrasser dans la boutique, et le pauvre Lucien (envoyer) _____ des

baisers à sa femme quand sa belle-mère (avoir) _____ le dos tourné.

    Comme Hortense et Lucien n'ont pas eu de lune de miel, le père de Lucien leur

(offrir) _____ deux places de première classe pour un voyage touristique en Normandie, un voyage circulaire. Naturellement, Madame Larivière (être) _____ furieuse ; les jeunes gens (être) _____ fous de joie à l'idée de se retrouver enfin seuls et de ne plus être sous la surveillance constante de Madame Larivière.

Une fois montés dans le train, ils (chercher) _____ un compartiment vide, en (trouver) _____ un, mais (être) _____ bientôt désolés de voir entrer un monsieur à lunettes qui les (regarder) _____ constamment d'un air sévère. Quand Lucien (prendre) _____ la main de sa femme, les regards du monsieur (devenir) _____ plus sévères et Hortense (rougir) _____ et (retirer) _____ sa main. Le voyage (commencer) _____ mal.

Arrivés enfin à Rouen, ils (descendre) _____ dans un hôtel recommandé et (être) _____ aussitôt la proie des garçons. Ils (ne guère oser) _____ parler à table devant tous les gens qui les (examiner) _____ .

Ils (se coucher) _____ de bonne heure ; mais les murs de leur chambre sont si minces, que leurs voisins, à droite et à gauche, (ne pas pouvoir) _____ faire un mouvement sans qu'ils (l'entendre) _____ . Alors, ils (ne plus oser) _____ remuer, ni même tousser dans leur lit.

Le lendemain matin, ils (aller voir) _____ tous les monuments indiqués sur le guide : la cathédrale, le palais des ducs de Normandie, les vieilles églises, toutes les maisons historiques. C'est comme un devoir qu'ils (remplir)_____, et Hortense surtout (s'ennuyer) _____ à mourir. Elle (être) _____ si fatiguée qu'elle (dormir) _____ dans le train quand ils (reprendre)

_____ leur route.

Ils (visiter) _____ une ville après l'autre, Le Havre, Cherbourg, de

plus en plus ennuyés. Un jour, Lucien (dire) _____ avec mélancolie à sa

femme : « Je (croire) _____ que je (préférer) _____ ta

mère. » Vers la fin de leur voyage, le train (s'arrêter) _____ dans un

petit village et Lucien (voir) _____ un trou adorable de verdure perdu

dans les arbres. Il (dire) _____ :

— Descendons, ma chérie, descendons vite.

— Mais ce village n'est pas sur le guide ! Et nos bagages ?

— Je me moque bien du guide et de nos bagages. Viens, nous allons trouver une

auberge.

Et Lucien (jeter) _____ le guide sur le quai.

Bientôt, ils (se trouver) _____ en pleine campagne. Des oiseaux

(chanter) _____ dans les arbres, une rivière (couler) _____

au fond d'une vallée. Enfin, les jeunes amoureux (être) _____ libres ! Ils

(arriver) _____ dans une auberge où on leur donne une grande chambre

rustique.

Le soir, ils (se coucher) _____ tôt. Le matin, ils (dormir)

_____ tard, (prendre) _____ le petit déjeuner dans

leur chambre et plus tard (faire) _____ des promenades à deux dans la

campagne. Lucien et Hortense (être) _____ enchantés d'être ainsi

abandonnés dans un désert où personne (ne les soupçonner) _____.

Quelle semaine délicieuse !

Le septième jour, ils (rester) _____ surpris et désolés d'avoir vécu si vite.

Et ils (partir) _____. Ils (ne pas même vouloir) _____

savoir le nom du pays où ils se sont aimés.

De retour à Paris, on les (interroger) _____ sur leur voyage, mais

leurs réponses (être) _____ bien vagues.

La mère d'Hortense, toujours aussi sévère, (hausser) _____ les

épaules et (murmurer) _____ :

—Tu (voir) _____ bien que ça (ne pas valoir) _____

la peine de voyager. Vous n'avez rien vu, mes enfants, et vous (ne pas connaître)

_____ les monuments importants ! Allons, Hortense, assez de folies, il

(falloir) _____ travailler maintenant.

IV. *Mettez les verbes entre parenthèses au présent, puis formez des ordres selon les indications qui suivent le texte.*

Xavier est un vagabond incurable. Il (descendre) _____ toujours chez

ses amis à l'improviste, quelquefois au beau milieu de la nuit, affamé et mort de fatigue. Il

(aller) _____ au réfrigérateur, se prépare un sandwich, (remplir)

_____ un grand verre de lait qu'il (boire) _____ d'un

seul trait. Ensuite, il (passer) _____ au salon où il (choisir)

_____ le meilleur fauteuil, s'y installe, (mettre) _____

ses pieds sur la table basse devant lui, (lire) _____ le journal ou bien

(dormir) _____ comme un bienheureux jusqu'au matin. Il (falloir)

_____ reconnaître que c'est un drôle de garçon.

Dites à Xavier…

1. …de ne pas boire le lait.

   _____

2. …de ne pas mettre les pieds sur la table basse.

   _____

3. …de ne pas dormir dans le fauteuil.

   _____

4. …d'être un peu mieux élevé.

   _____

V. *Trouvez des solutions aux dilemmes suivants. Employez les verbes suggérés à l'impératif. Ajoutez d'autres verbes si vous le voulez.*

1. Votre camarade vous dit : « Je suis invitée/invité à une soirée chez le président de l'université. Je n'ai qu'une paire de jeans. »
   Vous lui dites : (aller / acheter)

   _____

   _____

2. Vos parents vous disent : « Des amis de France viennent nous voir ce week-end, mais nous n'avons que deux billets pour aller au ballet. »
   Vous leur dites : (dire / proposer)

   _____

   _____

3. Votre camarade vous annonce qu'on a volé sa voiture.
   Vous lui dites : (prévenir la police / chercher)

   _____

   _____

4. Votre camarade de chambre est très désordonnée/désordonné.
   Vous lui dites : (nettoyer la chambre / ranger les affaires)

   _____

Holt, Rinehart and Winston, Inc.

PROJETS DE COMMUNICATION

A.   *(Devoir écrit)* Racontez un rêve (ou un cauchemar) que vous avez fait. Utilisez le présent.

B.   *(Exposé oral)* Imaginez que vous êtes une personne célèbre. Racontez vos activités quotidiennes.

C.   *(Improvisation)* Thierry fait le voyage Paris-Lyon à bord du T.G.V. En traversant le wagon pour aller au bar, il entend des bribes de conversation.

1. « En été, je (faire) _____ souvent de l'auto-stop, mais par ce

   mauvais temps, je (préférer) _____ prendre le train. »

2. « Je (savoir) _____ que le lait (contenir) _____

   beaucoup de vitamines, mais je (suivre) _____ un régime

   et (ne pas pouvoir) _____ en boire trop. »

3. « Nous sommes désolés, mais nous (ne pas pouvoir) _____ vous
   accompagner à Monte-Carlo… »

En utilisant des verbes du *Tableau 3* (*La Grammaire à l'œuvre*, pages 4–5), imaginez d'autres fragments de conversations que Thierry entend.

D.   *(Devoir écrit)* Vous venez de commencer à apprendre le russe. Vous avez une correspondante/un correspondant *(pen pal)* qui habite à Moscou ; elle/il ne connaît pas votre pays ni votre culture. Dans votre première lettre, au présent parler de vos activités, de votre vie de tous les jours, de votre pays, de la vie de vos concitoyens.

Chapitre

2

La Narration au passé

Programme de laboratoire

MISE EN PRATIQUE

Exercice 1

Répétez et continuez les phrases que vous entendrez en utilisant les éléments imprimés dans votre cahier.

Exemple :   Vous entendez : Jean-Marc voulait danser avec Marie, mais…
Votre cahier indique : (ne pas oser / lui parler)
Vous dites : Jean-Marc voulait danser avec Marie, mais il n'osait pas lui parler.

1. (lire / journal / avant d'aller au bureau)

2. (faire / du surfing)

3. (tomber / sur le trottoir)

4. (être dévastée / par / nuage de criquets volants / la semaine dernière)

Exercice 2

Un vol a été commis dans le quartier de Mme Duplessis. Un agent de police vient l'interroger pour savoir si elle a vu ou entendu quelque chose. Vous jouerez le rôle de Mme Duplessis et répondrez aux questions de l'agent en employant les temps du passé.

Exemple : Vous entendez l'agent de police dire : A quelle heure êtes-vous rentrée chez vous ?

Votre cahier indique : **Mme Duplessis :** Je … (rentrer chez moi / à sept heures).

Vous dites : Je suis rentrée chez moi à sept heures.

1. **Agent de police :** … ?
   Mme Duplessis : Mon mari et moi, nous (être divorcés).

2. **Agent de police :** … ?
   Mme Duplessis : Oui, mon fils (revenir vers dix heures). Ma fille (partir en vacances à l'étranger).

3. **Agent de police :** … ?
   Mme Duplessis : Je (regarder par la fenêtre) et je (ne rien voir / d'anormal).

4. **Agent de police :** … ?
   Mme Duplessis : Je (être dans ma chambre) quand soudain, je (entendre un bruit dehors).

5. **Agent de police :** … ?
   Mme Duplessis : Cela (ressembler à un bruit de vitre brisée); mais je (dormir presque), alors, je peux me tromper.

6. **Agent de police :** … ?
   Mme Duplessis : Il (ne pas être là ce soir).

7. **Agent de police :** … ?
   Mme Duplessis : Son meilleur ami (se casser la jambe hier). Il (aller le voir à l'hôpital).

Exercice 3

Marianne et Patrick reviennent de vacances. Marianne pose des questions à Patrick pour savoir ce qu'il a fait. Patrick répond et vous enchaînez en prenant le rôle de Marianne, avec une autre question selon les indications données dans votre cahier.

Exemple : Vous entendez :
Marianne : Qu'as-tu fait pour les vacances ?
Patrick : Je suis allé en Crète.
Votre cahier indique : **Marianne :** (aller en Turquie aussi) ?
Vous demandez : Es-tu allé en Turquie aussi ?

1. **Marianne :** …
   Patrick : …
   Marianne : (visiter des ruines) ?
   Patrick : …

Holt, Rinehart and Winston, Inc.

2. **Marianne :** ... ?
   Patrick : ...
   Marianne : (faire de la natation) ?
   Patrick : ...

3. **Marianne :** ... ?
   Patrick : ...
   Marianne : (faire de bons repas) ?
   Patrick : ...

4. **Marianne :** ... ?
   Patrick : ...
   Marianne : (prendre des photos) ?
   Patrick : ...

5. **Marianne :** ... ?
   Patrick : ...
   Marianne : (aller à la pêche) ?
   Patrick : ...

6. **Marianne :** ... !
   Patrick : ...
   Marianne : (retourner l'année prochaine) ?
   Patrick : ...

CONVERSATIONS DIRIGÉES

Conversation I

Trois étudiants : Suzanne, Marcel et Geneviève, se parlent au café universitaire. Écoutez leur conversation, puis répondez aux questions posées par l'interlocuteur.

Exemple : Vous entendez Suzanne dire : J'ai pris le T.G.V. pour aller de Paris à Lyon.
Vous entendez l'interlocuteur demander : Qu'est-ce que Suzanne a fait ?
Votre cahier indique : Suzanne (prendre le T.G.V.).
Vous dites : Suzanne a pris le T.G.V. pour aller de Paris à Lyon.

1. **Suzanne :** ...
   Marcel : ...
   Geneviève : ...
   Interlocuteur : ... ?
   Vous : Geneviève (suivre / cours de chimie / cours d'anthropologie).

2. **Suzanne :** ...
   Marcel : ...
   Geneviève : ...
   Interlocuteur : ... ?
   Vous : Marcel et ses amis (aller / bibliothèque).

Holt, Rinehart and Winston, Inc.

3. **Suzanne :** …
    Marcel : …
    Geneviève : …
    Interlocuteur : … ?
    Vous : Le père de Suzanne (lui offrir / ordinateur).

4. **Suzanne :** …
    Marcel : …
    Geneviève : …
    Interlocuteur : … ?
    Vous : Le professeur de Marcel (aller / Japon).

5. **Suzanne :** …
    Marcel : …
    Geneviève : …
    Interlocuteur : … ?
    Vous : Suzanne (aimer / *Les Visiteurs*).

6. **Suzanne :** …
    Marcel : …
    Geneviève : …
    Interlocuteur : … ?
    Vous : Les amis de Suzanne (repeindre / appartement).

7. **Suzanne :** …
    Marcel : …
    Geneviève : …
    Interlocuteur : … ?
    Vous : Il (y avoir / inondations).

8. **Suzanne :** …
    Marcel : …
    Geneviève : …
    Interlocuteur : … ?
    Vous : Suzanne (les vendre) à la fin du trimestre.
    Interlocuteur : … ?
    Vous : Marcel (les / garder) pour les donner à son frère.

Conversation II

Écoutez d'abord les phrases, puis réagissez à ce que vous avez entendu selon les indications de votre cahier. Ce sont différents amis qui vous parlent.

Exemple : Vous entendez Julien dire : Didier a fait le tour du monde en voilier.
Votre cahier indique : Combien de temps (mettre) ?
Vous dites : Combien de temps a-t-il mis ?

Holt, Rinehart and Winston, Inc.

NOM _____ DATE _____ COURS _____

1.   **Geoffroi :** …
     Vous : Qu'est-ce que… (y avoir) dedans ?

2.   **Alain :** …
     Vous : Quand le roman (paraître) ?

3.   **Louise :** …
     Vous : Est-ce que le livre (être) difficile pour eux ?

4.   **Isabelle :** …
     Vous : La police (réussir à arrêter) les malfaiteurs ?

5.   **Francine :** …
     Vous : (aussi prendre) quelque chose à manger ?

6.   **Victor :** …
     Vous : Les enfants (aussi aller voir) les singes ?

7.   **Jérôme :** …
     Vous : Marie (appeler) au secours ?

8.   **Éliane :** …
     Vous : Je ne sais pas. Il (ne pas vouloir) me le dire.

9.   **Nicole :** …
     Vous : La police (réussir à trouver) l'auteur des lettres ?

10. **Yvette :** …
     Vous : Qu'est-ce que Justin (décider de faire) avec l'argent ?

Conversation III

Écoutez les échanges entre Christophe et Madeleine, puis participez à la conversation en utilisant les indications données dans votre cahier.

Exemple :   Vous entendez : **Christophe :** Quand j'étais jeune, je ne voulais pas me
                              coucher de bonne heure.
                         Madeleine : Moi aussi, quand j'étais jeune, je voulais jouer
                              jusqu'à onze heures du soir.
             Votre cahier indique : Moi, quand j'étais jeune, mes parents (me mettre) au
                              lit à huit heures sans exception.
             Vous dites : Moi, quand j'étais jeune, mes parents me mettaient au lit à huit
                              heures sans exception.

1.   **Christophe :** …
     Madeleine : …
     Vous : Eh bien moi, je (rester à l'école) pour aider mon institutrice.

Holt, Rinehart and Winston, Inc.

2.   **Christophe :**   …
     Madeleine :   …
          Vous :   Pour mes parents, c'était différent. Ils (ne pas avoir les moyens) de s'offrir une éducation et ils (devoir chercher) du travail à un très jeune âge. Nous (déménager) tout le temps.

3.   **Christophe :**   …
     Madeleine :   …
          Vous :   Je (aimer) beaucoup les animaux aussi. Mais mon père (être) allergique aux poils de chats et je (se contenter) d'avoir des poissons rouges dans un petit aquarium.

4.   **Christophe :**   …
     Madeleine :   …
          Vous :   A l'école où je suis allée, nous (faire) beaucoup d'excursions, nous (jouer) à des jeux d'équipe et les instituteurs (nous aider) à faire nos devoirs. Ce (être) une école très progressiste.

5.   **Christophe :**   …
     Madeleine :   …
          Vous :   Je (faire) presque la même chose. Je (se lever) à l'aube, mais comme je n'avais pas de bicyclette, je (partir) à pied dans les forêts près de notre maison, où je (cueillir) des champignons sauvages pour le dîner.

6.   **Christophe :**   …
     Madeleine :   …
          Vous :   Pendant ce temps, mes amis, je (faire des recherches) et je (écrire) ma thèse. Je (souhaiter) devenir anthropologue. Mes parents (trouver) que j'étais très précoce.

Conversation IV

Mettez les verbes des phrases suivantes au plus-que-parfait. Vous entendrez une confirmation.

Exemple :   Votre cahier indique : Je ne savais pas que mes parents (partir) en voyage.
          Vous dites : Je ne savais pas que mes parents étaient partis en voyage.

1.   Mon professeur ne savait pas que je (courir) toute la matinée et il s'est mis en colère quand je me suis endormi pendant son cours. J'ai essayé de lui dire que je (ne pas dormir) de la nuit, mais il m'a regardé d'un œil soupçonneux.

2.   M. et Mme Duplexis ne savaient pas que leurs enfants (aller) au cinéma et qu'ils (prendre) la voiture sans rien dire. Et ce n'était pas la première fois qu'ils (agir) de la sorte.

3.   Jean-Philippe ne savait pas que le doyen (recevoir) une lettre anonyme à son sujet. Il se demandait qui de ses connaissances (pouvoir) faire une chose pareille.

Holt, Rinehart and Winston, Inc.

NOM _____ **DATE** _____ **COURS** _____

4. Je ne savais pas que mes voisins (faire) la fête jusqu'à trois heures du matin, qu'ils (tous trop boire) et que la police (venir) pour mettre fin à leur gaieté.

5. Ton camarade de chambre (ne pas savoir) que tu (sortir) avant le petit déjeuner pour faire du jogging. Il croyait que tu (aller) à tes cours.

6. Nous ne savions pas que les taux d'intérêt (monter) jusqu'à 20% pour les emprunts. Nous nous demandions comment nous allions survivre une autre année. Nous (dépenser) toutes nos réserves pour mettre les enfants dans une bonne école privée, et il ne nous restait rien.

Conversation V

Imaginez que vous êtes avec des amis qui n'arrêtent pas de vous poser des questions. Répondez affirmativement à la première question et négativement à la deuxième. Employez des pronoms objets.

Exemple : Vous entendez Yves demander : As-tu lu cet article ?
Vous répondez : Oui, je l'ai lu.
Vous entendez Caroline demander : Et cette lettre ?
Vous dites : Non, je ne l'ai pas lue.
Vous entendez Caroline demander : Pourquoi ?
Votre cahier indique : La lettre (ne pas m'être / adressée).
Vous dites : Je ne l'ai pas lue parce qu'elle ne m'était pas adressée !

1. **Gilberte :** … ?
    Vous : Oui, …
   Fabien : … ?
    Vous : Non, je…
   Nicolas : Pourquoi ?
    Vous : Je (ne pas les faire) parce que des amis (venir me voir).

2. **Gilberte :** … ?
    Vous : Oui, …
   Fabien : …
    Vous : Non, …
   Nicolas : Pourquoi ?
    Vous : Parce qu'il (être / fermé) à clé.

3. **Nicolas :** … ?
    Vous : Oui, …
   Gilberte : … ?
    Vous : Non, …
   Gilberte : Pourquoi … ?
    Vous : Parce que je (avoir l'intention) de le porter quand je (sortir).

4. **Yves :** … ?
    Vous : Oui, …
   Nicolas : … ?

Holt, Rinehart and Winston, Inc.

           Vous :   Non, …
   Gilberte :   Pourquoi … ?
           Vous :   Parce que nous (ne pas encore étudier) les auteurs du 17ème siècle.

5.   **Gilberte :**   … ?
         Vous :   Oui, …
         Yves :   … ?
         Vous :   Non, …
     Nicolas :   Pourquoi ?
         Vous :   Parce que je (ne pas beaucoup aimer) les légumes.

TEXTES DE COMPRÉHENSION

Compréhension globale

Écoutez d'abord le texte, « Les Cerises » ("Cherries"), *extrait librement adapté des* Confessions *de Jean-Jacques Rousseau qui parurent en 1782. Ensuite, répondez aux questions de votre cahier. Dans cet extrait, Rousseau évoque un souvenir de jeunesse en Suisse. C'est le mois de juillet 1730.*

Les Confessions : « Les Cerises »

Jean-Jacques Rousseau*

VOCABULAIRE

Mlle Galley et **Mlle Graffenried**   *deux jeunes femmes que Rousseau a rencontrées*
vallon (m)   *valley*
ruisseau (f)   *stream, brook*
goûter (m)   *afternoon snack, tea*
tenir en haleine   *to keep waiting (breathless)*
verger (m)   *orchard*
noyaux (m pl)   *pits*
tablier (m)   *apron*
reculer la tête   *to tilt back one's head*
viser   *to aim*
sein (m)   *breast, bosom*
et de rire   *(idiom) and everyone laughed*
de bon cœur   *willingly*
folâtrer   *to frolic, romp*

• • •

Résumé : *C'était le mois de juillet 1730. La terre, …*
Rousseau :
     Après le dîner, nous avons fait une économie : …
     La journée s'est passée de cette sorte à folâtrer…

---

*Rousseau, Jean-Jacques (1712–1778)   Écrivain et philosophe du dix-huitième siècle, auteur du *Contrat social* et d'*Émile ou de l'Éducation.* Dans ses *Confessions,* il se livre à des souvenirs plus personnels dont « Les Cerises » fait partie.

Holt, Rinehart and Winston, Inc.

NOM _____ **DATE** _____ **COURS** _____

Enfin, elles se sont souvenues qu'il ne fallait pas attendre la nuit...

Je les ai quittées à peu près au même endroit... là finiraient nos éphémères amours ?

● ● ●

Questions

1. Comment Jean-Jacques a-t-il rencontré les jeunes femmes ? Qu'a-t-il fait pour leur rendre service ?

   _____

   _____

   _____

   _____

   _____

   _____

   _____

   _____

2. Comment Mlle de Galley et Mlle de Graffenried ont-elles remercié Rousseau de son aide ?

   _____

   _____

   _____

   _____

   _____

   _____

   _____

   _____

3. Quels sentiments Rousseau exprime-t-il dans cet extrait ?

_____

_____

_____

_____

_____

_____

_____

4. Vous est-il arrivé de rendre service à quelqu'un dans des circonstances imprévues ? Racontez brièvement.

_____

_____

_____

_____

_____

_____

_____

Compréhension, dictée et interprétation

En écoutant le conte Lullaby, *librement adapté de Jean-Marie Le Clézio, écrivez les mots qui manquent dans le texte reproduit dans votre cahier. Ensuite, répondez aux questions.*

NOM _____   **DATE** _____   **COURS** _____

Lullaby

Jean-Marie Le Clézio*

Résumé : *Dans ce conte, l'auteur présente les aventures d'une jeune fille, qui, fatiguée par la monotonie de sa vie à l'école, décide de quitter la maison. Avant sa fugue, elle écrit une lettre à son père, et puis elle part à la grande aventure, laissant derrière elle sa famille, l'école et ses amis.*

Narrateur : Le jour où Lullaby décida qu'elle n'irait plus à l'école, c'était encore très tôt le matin, vers le milieu du mois d'octobre. Elle quitta son lit, elle traversa pieds nus sa chambre et elle écarta un peu les lames des stores *(blinds)* pour regarder dehors. Il y avait beaucoup de soleil, et en se penchant un peu, elle put voir un morceau de ciel bleu. En bas, sur le trottoir, trois ou quatre pigeons sautillaient, leurs plumes ébouriffées *(ruffled)* par le vent. Au-dessus des toits des voitures arrêtées, la mer était bleu sombre, et il y avait un voilier blanc qui avançait difficilement. Lullaby regarda tout cela, et elle se sentit soulagée d'avoir décidé de ne plus aller à l'école.

Elle retourna vers le centre de la chambre, elle s'assit devant sa table, et sans allumer la lumière, elle commença à écrire une lettre.

Lullaby : Bonjour, cher Papa.

Il fait beau aujourd'hui, le ciel est comme j'aime, très très bleu. Je voudrais bien que tu sois là pour voir le ciel. La mer aussi est très bleue. Bientôt ce sera l'hiver. C'est une autre année très longue qui commence. J'espère que tu pourras venir bientôt parce que je ne sais pas _____ longtemps. Ce matin quand je me suis réveillée (ça fait maintenant plus d'une heure), _____ à nouveau à Istamboul. Je voudrais bien fermer les yeux et quand je les rouvrirais ce serait à nouveau comme à Istamboul. Tu te souviens ? _____, un pour moi et un pour sœur Laurence. De grandes fleurs blanches _____ (c'est pour ça qu'on les appelle des arômes ?) Elles sentaient si fort qu'on avait dû les mettre dans la salle de bains. Tu avais dit qu'on pouvait boire de l'eau dedans, et moi j'étais allée à la salle de bains et _____, et mes fleurs s'étaient toutes abîmées. Tu te souviens ?

_____

*Le Clézio, Jean-Marie (1940–)   Écrivain français né à Nice. Le conte *Lullaby* est tiré de *Mondo et d'autres histoires,* 1978.

Holt, Rinehart and Winston, Inc.

Narrateur : Lullaby s'arrêta d'écrire. Elle mordilla un instant le bout de son Bic bleu, en regardant la feuille de papier à lettres. _____. Elle regardait seulement le blanc du papier, et elle pensait que peut-être quelque chose _____ dans le ciel, ou comme un petit bateau blanc qui passerait lentement.

Elle regarda le réveil sur la table : huit heures dix. C'était un petit réveille-matin de voyage, gainé de peau de lézard noir *(in a black lizard slip-on cover)* qu'on n'avait besoin de remonter que tous les huit jours.

Lullaby écrivit sur la feuille de papier à lettres.

Lullaby : Cher Papa, je voudrais bien que tu viennes reprendre le réveille-matin. _____ avant que je parte de Téhéran et maman et sœur Laurence _____. Moi aussi, je le trouve très beau, mais je crois que maintenant il ne me servira plus. C'est pourquoi je voudrais que tu viennes le prendre. Il te servira à nouveau. Il marche très bien. Il ne fait pas de bruit la nuit.

Narrateur : Elle mit la lettre dans une enveloppe par avion. Avant de fermer l'enveloppe, elle chercha quelque chose d'autre à glisser *(to slip)* dedans. Mais sur la table il n'y avait rien que des papiers, des livres, et des miettes de biscotte *(biscuit crumbs)*. Alors elle écrivit l'adresse sur l'enveloppe.

Monsieur Paul Ferlande
P.R.O.C.O.M.
84, avenue Ferdowksi
Téhéran
Iran

Résumé : *Loin des murs de la salle de classe qui l'entouraient et l'étouffaient, Lullaby goûte le plaisir de se reposer au bord de la mer. Dans ses pérégrinations, elle a trouvé une vieille maison portant un nom grec qui l'enchante. Elle passe ses journées à se reposer au bord de la mer près d'un vieux bunker. C'est là que survient un jour un petit garçon à lunettes avec qui elle se lie d'amitié. Le garçon lui fait un dessin qu'il lui offre en cadeau. Ils passent beaucoup de temps assis à contempler la mer.*

Le garçon lui indique une autre maison se trouvant au bord d'une falaise. Lullaby, curieuse de connaître cette demeure, reprend sa route le long de la mer, arrivant enfin à la maison où elle est poursuivie par un homme sinistre qui manifestement lui veut du mal. Effrayée, mais indomptée, Lullaby réussit à s'évader en dévalant la pente entre la maison et la mer « au milieu d'une avalache de cailloux. » Le texte de Le Clézio reprend :

Holt, Rinehart and Winston, Inc.

NOM _____ **DATE** _____ **COURS** _____

Narrateur : Devant les murs blancs de la ruine, l'homme était resté debout, les bras écartés, comme en équilibre.

Le soleil _____, et grâce au vent froid, Lullaby sentit que ses forces revenaient. Elle sentit aussi le dégoût, et la colère, _____. Puis soudain, elle comprit que rien ne pourrait lui arriver, jamais. C'était le vent, la mer, le soleil. Elle se souvint de ce que son père lui avait dit, un jour, à propos du vent, de la mer, du soleil, une longue phrase _____, quelque chose comme cela. Lullaby s'arrêta sur un rocher en forme d'étrave *(stern of a ship)*, au-dessus de la mer, et elle renversa sa tête en arrière pour mieux sentir _____ _____ et sur ses paupières. C'était son père qui lui avait appris à faire cela, pour retrouver ses forces, il appelait cela « boire le soleil. »

Il n'y avait rien d'autre que les rochers blancs, la mer, le vent, le soleil. C'était comme d'être sur un bateau, loin au large, là où vivent les thons *(tunas)* et les dauphins *(dolphins)*. Lullaby ne pensait même plus à l'école. La mer était comme cela : elle efface ces choses de la terre parce qu'elle est ce qu'il y a de plus important au monde. Le bleu, la lumière étaient immenses, le vent, les bruits violents et doux des vagues, et _____ en train de remuer sa tête et de fouetter *(beat)* l'air avec sa queue.

Puis vers midi, elle tourna le dos à la mer et elle rejoignit en courant la route _____. Dans les rues, le vent n'était pas le même. Il tournait sur lui-même, il passait en rafales *(gusts)* qui claquaient les volets et _____. Les gens n'aimaient pas le vent. Ils traversaient les rues en hâte, s'abritaient dans les coins de murs.

Le vent et la sécheresse _____. Les hommes sautillaient nerveusement, s'interpellaient, se heurtaient, et quelquefois sur la chaussée noire, deux autos s'emboutissaient en faisant de grands bruits de ferraille et de klaxon coincé *(stuck car horns)*.

Lullaby marchait dans les rues à grandes enjambées *(strides)*, les yeux à moitié fermés à cause de la poussière. Quand elle arriva au centre ville, sa tête tournait comme prise par le vertige. _____, tourbillonnait comme les feuilles mortes. Les groupes d'hommes et de femmes s'aggloméraient, se dispersaient, _____, comme la limaille de fer *(iron shavings)* dans un champ magnétique. Où allaient-ils ? _____ ? Il y avait si longtemps que Lullaby n'avait vu tant de visages, d'yeux, de mains, qu'elle ne parvenait pas à comprendre. Le mouvement lent de la foule, le long des trottoirs, la prenait, _____ sans qu'elle sache où elle allait. Les gens passaient tout près d'elle, et elle sentait leur haleine *(breath)*, le frôlement de leurs mains. Un homme se pencha contre son visage et murmura quelque chose, mais c'était _____.

Sans même s'en rendre compte, Lullaby entra dans un grand magasin, plein de lumière et de bruit. C'était comme si le vent soufflait aussi à l'intérieur, le long des allées, dans les escaliers, en faisant tournoyer les grandes pancartes. Les poignées des portes _____, les barres de néon luisaient comme des éclairs pâles.

Lullaby chercha la sortie du magasin, presque en courant. Quand elle passa devant la porte, elle heurta quelqu'un et elle murmura : « Pardon, madame » mais c'était seulement un grand mannequin de matière plastique, revêtu d'une cape de

loden vert. Les bras écartés du mannequin _____, et son

visage pointu, couleur de cire *(wax)*, ressemblait à celui de la directrice. A cause du

choc, la perruque noire du mannequin avait glissé de travers et tombait sur son œil

aux cils pareils à des pattes d'insecte, et Lullaby se mit à rire et à frissonner *(to shiver)*

en même temps.

     Elle se sentait très fatiguée maintenant, vide. C'était peut-être parce qu'elle

_____, et elle entra dans un café. Elle s'assit au

fond de la salle, là où il y avait un peu d'ombre. Le garçon de café était debout devant

elle.

Lullaby : « Je voudrais une omelette. »

Narrateur : Le garçon la regarda un instant, comme s'il ne comprenait pas. Puis il cria vers
le comptoir :
Le garçon : « Une omelette pour la demoiselle ! »

Narrateur : Il continua à la regarder. Lullaby prit une feuille de papier dans la poche

de son blouson et elle essaya d'écrire. Elle voulait écrire une longue lettre, mais

_____. Elle voulait écrire à la fois à son père,

à sa sœur Laurence, à M. de Filippi, et au petit garçon à lunettes pour le remercier de

son dessin. Mais ça n'allait pas.

Résumé : *De retour enfin à l'école, Lullaby cherche à parler à son professeur favori, M. de Filippi, qui a beaucoup de sympathie pour elle et semble comprendre les raisons de sa fugue. Contrairement à la directrice de l'école, qui est persuadée que Lullaby est partie pour être avec un garçon, lui fait des réprimandes et essaye en vain de lui arracher une confession, M. de Filippi soupçonne la vraie motivation de sa jeune élève, comme le rendra évident la conclusion du texte :*

Holt, Rinehart and Winston, Inc.

Narrateur : Le professeur l'aperçut, et vint à sa rencontre _____

_____.

M. de Filippi : « Eh bien ? Eh bien ? »
Narrateur : C'est tout ce qu'il trouvait à dire.
Lullaby : « Je voulais vous demander… »
M. de Filippi : « Quoi ? »
Lullaby : « Pour la mer, la lumière, j'avais beaucoup de questions à vous demander. »
Narrateur : Mais Lullaby s'aperçut tout à coup qu'elle avait oublié ses questions. M. de
    Filippi la regarda d'un air amusé.

M. de Filippi : « _____ ? »
Lullaby : « Oui… »
M. de Filippi : « Et… C'était bien ? »
Lullaby : « Oh oui ! C'était très bien ? »
Narrateur : La sonnerie retentit au-dessus de la cour, dans les galeries.
M. de Filippi : « Je suis bien content… »
Narrateur : Il éteignit sa cigarette sous son talon.
M. de Filippi : « Vous me raconterez tout ça plus tard. »

Narrateur : La lueur amusée _____, derrière ses lunettes.
M. de Filippi : « Vous n'allez plus partir en voyage, maintenant ? »
Lullaby : « Non. »
M. de Filippi : « Bon, il faut y aller. Je suis bien content. »
Narrateur : Il se tourna vers la jeune fille avant d'entrer dans le bâtiment préfabriqué.

M. de Filippi : « Et vous me demanderez ce que vous voudrez, tout à l'heure, après le

cours. _____. »

Questions

1. Quels sont les sentiments de Lullaby pour son père ?

_____

_____

_____

_____

_____

_____

2. A votre avis, pourquoi veut-elle lui laisser son réveille-matin ?

_____

_____

_____

_____

_____

_____

3. Comment se passaient les journées de Lullaby pendant sa fugue ?

_____

_____

_____

_____

_____

_____

4. Quelle impression lui a fait la ville lorsqu'elle est enfin rentrée ?

_____

_____

_____

_____

_____

_____

Réflexion

Le conte « Lullaby » contient plusieurs thèmes :

—les fugues d'adolescents

Holt, Rinehart and Winston, Inc.

—la valeur reconstituante de la nature (la mer, le soleil, le ciel)

—le côté opprimant de la vie dans les villes (les magasins, les rues à circulation intense, la foule, le clinquant de la vie moderne illuminée au néon)

—les rapports familiaux intimes (père–fille)

—l'amitié

—l'innocence

—la violence

—la compréhension (le professeur sympathique)

—la prise de conscience de soi-meme

Choisissez deux ou trois de ces thèmes dont le traitement dans ce texte vous a particulièrement frappée / frappé et comparez la présentation de Le Clézio à vos propres impressions.

_____

_____

_____

_____

_____

_____

_____

_____

_____

_____

_____

_____

_____

_____

NOM _____ **DATE** _____ **COURS** _____

_____

_____

_____

_____

_____

_____

_____

Holt, Rinehart and Winston, Inc.

Travaux complémentaires

MISE AU POINT

I. *Mettez les verbes au passé composé. Faites attention aux passés composés irréguliers et à l'accord des participes passés.*

1. Quels desserts (servir / on) _____ quand tu (dîner) _____

   avec Yvette l'autre soir ?

   —Je (prendre) _____ de la tarte Tatin avec de la crème fraîche.

   Yvette (choisir) _____ des bananes flambées que le maître d'hôtel

   (préparer) _____ à notre table. Il y (mettre) _____

   tant de rhum que la nappe (faillir) _____ prendre feu. Quel drame !

   Je (verser) _____ un grand verre d'eau dans la poêle pour éteindre les

   flammes, croyant rendre service. Le maître d'hôtel (s'offenser) _____

   et il nous (mettre) _____ à la porte. Inutile de dire que je (ne pas

   lui laisser) _____ de pourboire !

2. Ce jeune homme (venir) _____ aux États-Unis pour faire ses études

   à l'école de droit de l'université de Stanford. Puis, il (vivre) _____

   un an à Washington avant d'entreprendre une carrière de diplomate en Croatie, son

   pays d'origine. Il (tenir à faire) _____ son maximum pour aider les

   habitants à améliorer leur sort après de longues années de guerre. Je (ne jamais

   rencontrer) _____ un jeune homme si patriote et si altruiste !

3. Julie et son petit frère Jacob (aller) _____ voir un prestidigitateur

   (conjurer). Quand le magicien (sortir) _____ un lapin du chapeau,

Jacob (n'en pas croire) _____ ses yeux et (pousser) _____

un grand cri d'étonnement. Julie, plus désabusée *(disillusioned)* que son frère,

(comprendre) _____ que le lapin était déjà au fond du chapeau,

quand le magicien (sortir) _____ sur la scène.

4. Carole (naître) _____ en 1978. Elle (apprendre à nager)

_____ quand elle (avoir) _____ cinq ans. Quand

elle était étudiante à l'université, elle (devenir) _____ membre de

l'équipe de natation. Ensuite elle (décider de participer) _____

aux concours olympiques. Je ne sais pas combien de médailles elle (recevoir)

_____ jusqu'à présent, mais il est évident qu'elle deviendra

championne mondiale.

5. Papa (aller) _____ chez le marchand de vin et il (revenir)

_____ avec un magnum de champagne à un prix très avantageux

selon lui. « Je (ne pas pouvoir résister) _____ ! » (dire / il)

_____. Le marchand (vouloir) _____ me vendre une

bouteille plus chère, mais je (ne pas suivre) _____ ses recommandations.

—Hélas, (déclarer / maman) _____ après avoir avalé la première

gorgée, la bouteille que tu (acheter) _____ est imbuvable. Tu aurais

mieux fait de l'écouter.

6. Françoise (m'offrir) _____ une veste en cuir importée d'Italie pour

mon anniversaire. Je ne sais pas où elle l'(trouver) _____ ni combien

elle (payer) _____, mais tout le monde m'en fait des compliments.

Elle (devoir dépenser) _____ une fortune.

7. Ce révolutionnaire (mourir) _____ très jeune. Avec l'aide de ses

   confrères, il a piraté un avion d'Air France qui (venir d'atterrir) _____

   à Alger. Les terroristes (vouloir embarquer) _____ immédiatement pour

   Marseille. Quand le pilote (refuser)_____, ils (commencer à torturer)

   _____ les passagers. Les autorités étaient sur le point de capituler,

   quand un employé courageux (réussir à se glisser) _____ dans

   l'avion en passant par la portière du cargo. Une hôtesse de l'air, laissant tomber un

   plateau, (réussir à distraire) _____ le fanatique, ce qui

   (permettre) _____ à l'employé d'immobiliser le révolutionnaire.

   On (pouvoir désarmer) _____ à temps la bombe qu'on (trouver)

   _____ à bord.

8. Bernard (ne pas pouvoir obtenir) _____ de places au théâtre. Alors

   il (nous proposer d'aller) _____ au ballet. On donne Les

   Sylphides, un ballet que je (ne jamais vu)_____.

9. Mon professeur de français (traduire) _____ plusieurs

   romans de Faulkner en français. Grâce à ses efforts, les Français (pouvoir lire)

   _____ ce célèbre auteur américain.

10. Les marins, après s'être installés dans un café du port (commander) _____

    plusieurs bouteilles de vin qu'ils (boire) _____ rapidement. Au bout

    de quelque temps, ils (devenir) _____ complètement ivres et ils

    (commencer à) _____ se disputer. Le patron (devoir) _____

    enfin appeler la police.

II.   *Mettez les verbes entre parenthèses aux temps du passé qui conviennent : passé composé, imparfait, plus-que-parfait, futur du passé (conditionnel présent).*

Souvenir d'enfance

Quand je (être) _____ jeune, nous n'(habiter) _____ pas

loin d'une immense propriété depuis longtemps abandonnée. Mon frère Richard, notre

ami Roger et moi nous y (aller) _____ presque tous les jours en secret.

Nous (espérer) _____ que personne ne nous y (suivre) _____,

car on (afficher) _____ à plusieurs endroits le long des murs qui

(entourer) _____ le domaine : « Interdit au public, Défense d'entrer. »

Nous (découvrir) _____ ce grand parc un jour où nous (faire)

_____ une promenade dans les bois près du quartier où nous (habiter)

_____.

Un jour, nous (décider d'explorer) _____ le parc, parce qu'un des

amis de Roger lui (dire) _____ qu'une vieille maison abandonnée (s'y

trouver) _____. Elle (cacher) _____ sûrement des

trésors merveilleux. Mais comment y parvenir ?

Le jour de notre première tentative, nous nous sommes perdus. Roger (déclarer)

_____ vingt fois qu'il (reconnaître) _____ le chemin.

Comme ce (être) _____ lui le chef de bande, je (ne pas vouloir dire)

_____ que cela (faire) _____ une heure que nous

(tourner)_____ en rond. Enfin, quand nous (être) _____

presque à bout de force, Roger, après avoir grimpé dans un sapin, (croire apercevoir)

_____ une tour qui (scintiller) _____ dans le soleil

couchant. Pleins d'espoir, nous (courir) _____ dans la direction

NOM _____ **DATE** _____ **COURS** _____

indiquée par Roger et bientôt, nous (déboucher) _____ sur un pré. Là,

devant nos yeux, se dressaient les ruines d'un vieux château.

Ce (être) _____ notre château… et il (falloir) _____

le défendre contre les Sarrasins. Nous (être) _____ soldats, empereurs,

chevaliers.

Des remparts du château, on (voir) _____ les toits de notre village

au loin, mais ce ne (être) _____ qu'à la tombée de la nuit que nous

(décider) _____ enfin de quitter le domaine fabuleux pour regagner la

maison. Ma mère (attendre) _____ au seuil de la porte.

—Où donc (être) _____-vous ?

Mon frère, en nous lançant un clin d'œil, a répondu :

—Oh, nous (aller) _____ jusqu'en Chine.

Naturellement, ma mère (ne pas le croire) _____ mais elle

(comprendre) _____ qu'il (ne pas falloir poser) _____

de questions. A partir de ce jour-là, il (suffire) _____ que l'un de nous

dise : « Allons en Chine ! » pour que nous partions tous à l'aventure dans le pays défendu,

pour retrouver le château qui (charmer) _____ notre jeunesse et qui

rayonne encore dans mon souvenir.

III. *Mettez les verbes aux temps du passé qui conviennent : passé composé, imparfait, plus-que-parfait.*

Quand je (entrer) _____ dans le restaurant, il y (avoir) _____

beaucoup de monde. Au bar, plusieurs personnes (prendre) _____ un

apéritif. Les gens à table (manger) _____ et (boire) _____

avec animation. Tout d'un coup, il y (avoir) _____ un grand bruit et un

homme masqué, armé de deux revolvers, (entrer) _____ dans la salle. Il

(porter) _____ une chemise sale et ses bottes (être) _____

couvertes de boue. Un grand chapeau noir lui (couvrir) _____ les yeux.

Sans dire un mot, il (aller) _____ au bar où il (saisir) _____

une bouteille de cognac et (boire) _____ à même la bouteille *(right out*

of the bottle). Pendant qu'il buvait, tout le monde le (regarder) _____

avec étonnement, mais personne ne (oser s'approcher) _____ de lui ni

appeler au secours. Il (falloir) _____ pourtant avertir la police. Comme

j'étais assis près d'une fenêtre et qu'une cloison (séparer) _____ ma

table du bar, je (pouvoir sortir) _____ sans être vu, mais je (craindre

d'attirer) _____ l'attention du voleur en faisant du bruit. En regardant

mon assiette vide devant moi, je (avoir) _____ une idée. Je (prendre)

_____ l'assiette et je la (lancer) _____ de toutes mes

forces de l'autre côté de la pièce. Le bruit (distraire) _____ le voleur et je

(pouvoir sortir) _____ du restaurant. Je (aller) _____ en

courant au commissariat de police où je (raconter) _____ à un agent ce

qui (arriver) _____ au restaurant. D'abord, il (ne pas me croire)

_____. Je (être) _____ tellement énervé et

je (bredouiller) _____ tant que qu'il (penser) _____ que

j'étais saoûl, et il me (mener) _____ devant le commissaire de police. Je

(devoir) _____ lui raconter une deuxième fois en détail tout ce que je

(voir) _____. Enfin, le chef (donner) _____ l'ordre à

trois voitures de police de partir pour le restaurant. Je les (suivre) _____ à

pied et je (arriver) _____ devant le restaurant juste à temps pour voir deux

agents qui (faire monter) _____ le voleur dans une des voitures.

Plus tard, je (apprendre) _____ l'histoire complète. Le bandit, après

avoir pris tout l'argent de la caisse, (vouloir s'emparer) _____ de tous

les objets de valeur dans le restaurant. Quand les agents (entrer) _____

dans la salle, il (arracher) _____ un collier de diamants à une dame, et

c'est à peine s'il les (entendre arriver) _____. Le compte-rendu qui

(paraître) _____ dans le journal le lendemain de la tentative de vol

(décrire) _____ de façon très élogieuse la part que je (jouer)

_____ dans l'arrestation du voleur.

Sa cupidité lui (valoir) _____ deux ans de prison.

IV.   Travail avancé (facultatif). *Mettez le passage suivant au passé en employant le passé simple, l'imparfait, le plus-que-parfait, le futur du passé, etc.*

Je viens de passer deux jours de solitude bénie dans une chambre d'hôpital, quand une infirmière vient m'annoncer qu'un M. Coplin occupera le lit à côté du mien. Il entre dans la chambre, devancé par sa femme. En le voyant, je ne peux retenir un mouvement d'irritation. Sa figure ridée et sa peau blême me dégoûtent, car dans mon égoïsme de malade, je ne veux voir que des gens en bonne santé. Mme Coplin aussi m'agace. Elle tourne nerveusement dans la chambre et ne cesse de se plaindre d'une voix geignarde entre-coupée de soupirs. Rien ne paraît lui convenir. Après avoir rangé dans un placard trop petit les quelques vêtements qu'elle a apportés dans une valise bleue, elle constate avec chagrin qu'il n'y a pas de verre pour la brosse à dents de son mari. Le lit est trop près de la fenêtre et trop loin du lavabo. Elle semble complètement désemparée dans ce milieu hostile.

Elle commence avec son mari un jeu qui, d'abord, me paraît un peu étrange : elle lui prend la main et, à plusieurs reprises, le fait marcher de son lit à la salle de bains en lui expliquant avec minutie la disposition des objets dans la chambre. M. Coplin, très droit, suit docilement. En peu de temps, il a appris à circuler dans la chambre tout seul. Je comprends enfin qu'il est aveugle. Plus tard, j'apprends que cette affliction date de six semaines seulement et qu'il a fêté tout récemment ses quatre-vingt-trois ans. Dans quelques jours le chirurgien tentera une opération difficile destinée à lui rendre la vue au moins partiellement. La réussite en est incertaine. Entre-temps, il va subir de nombreux examens pré-opératoires.

M. Coplin reste des heures entières dans un fauteuil, perdu dans ses pensées. Il a enfoncé dans une oreille l'écouteur de son transistor. Il tient l'appareil de ses deux mains et joue sans arrêt avec les boutons, par désœuvrement plutôt que pour régler le poste. De temps à autre, il fait les cent pas dans la chambre. Comme les médecins lui ont défendu de s'aventurer dans les couloirs de l'hôpital sans aide et qu'il souffre depuis longtemps d'une mauvaise circulation, ce minimum d'exercice lui est indispensable.

Une seule fois il m'adresse la parole et le son grave de sa voix exprime une inquiétude qui le ronge. « Vous comprenez, » dit-il à l'obscurité qui l'entoure, « ce n'est pas pour moi que je me fais du souci, mais pour ma pauvre femme. Mon état de santé la rend si nerveuse. »

Les sentiments hostiles que j'ai éprouvés à l'arrivée de ce brave vieillard cèdent à l'admiration que mérite cette bonté d'âme si simplement exprimée.

V. *Mettez les verbes entre parenthèses aux temps du passé qui conviennent : passé composé, imparfait, plus-que-parfait, ou passé simple si vous voulez vous exercer à utiliser ce temps.*

Le Petit Poucet *(conte librement adapté de Charles Perrault*)*

Les voilà donc bien affligés : car, plus ils marchaient plus ils (se perdre) _____

_____ et pénétraient encore plus loin dans la forêt. La nuit (venir) _____

_____ et un grand vent (s'élever) _____ qui leur a fait

terriblement peur. Ils (croire) _____ entendre seulement des

hurlements de loups qui (venir) _____ les manger. Ils (ne pas oser)

_____ se parler. Ils n' (oser) _____ même pas

tourner la tête. Une grosse pluie (arriver) _____ qui les (percer)

_____ jusqu'aux os ; ils (glisser) _____ à chaque pas et

(tomber) _____ dans la boue, d'où ils (se relever) _____

tout sales ; ils (ne pas savoir) _____ quoi faire de leurs mains.

Le petit Poucet (grimper) _____ au haut d'un arbre pour voir s'il ne

(pouvoir) _____ rien découvrir ; après avoir tourné la tête de tous côtés,

il (voir) _____ une petite lueur mais qui (être) _____

_____

*Perrault, Charles (1628–1703)   Membre de l'Académie française, auteur de contes pour enfants : *Contes de ma mère l'Oye,* 1697.

Holt, Rinehart and Winston, Inc.

NOM _____ **DATE** _____ **COURS** _____

bien loin par delà la forêt. Il (descendre) _____ de l'arbre, et, lorsqu'il

(être) _____ à terre, il (ne plus rien voir) _____ cela le

(désoler) _____. Cependant, après avoir marché quelque temps, avec ses

frères, du côté où il (voir) _____ la lumière, il la (revoir) _____

au moment où ils (sortir) _____ du bois. Ils (arriver) _____

enfin à la maison où (être) _____ cette chandelle, non sans avoir eu souvent

très peur, ce qui leur (arriver) _____ toutes les fois qu'ils (descendre)

_____ dans quelques vallées. Ils (frapper) _____ à la porte, et une

bonne femme (venir) _____ leur ouvrir. Elle leur (demander) _____

ce qu'ils (vouloir) _____. Le petit Poucet lui (dire) _____

qu'ils (être) _____ de pauvres enfants qui (se perdre) _____

dans la forêt, et qui (demander) _____ à coucher par charité. Cette

femme les voyant tous si jolis, (commencer) _____ à pleurer et leur (dire)

_____ :

   —Hélas ! mes pauvres enfants, où (venir / vous) _____ ? Savez-vous

bien que c'est ici la maison d'un ogre qui mange les petits enfants ?

   —Hélas ! Madame, lui (répondre) _____ le petit Poucet, qui

(trembler) _____ de toute sa force, aussi bien que ses frères, que ferons-

nous ? Il est bien sûr que les loups de la forêt nous mangeront sans faute ce soir si vous ne

voulez pas nous laisser entrer chez vous, et, à choisir entre les deux, nous aimons mieux

que monsieur nous mange. Peut-être qu'il aura pitié de nous si vous voulez bien l'en prier.

   La femme de l'ogre (répondre) _____ : « Je crois que je pourrai vous

cacher à mon mari jusqu'à demain matin. » Donc, elle les (laisser) _____ entrer et les (mener) _____ se chauffer près d'un bon feu, car il y

(avoir) _____ un mouton tout entier à la broche pour le souper de

l'ogre. Comme ils (commencer) _____ à se chauffer, ils (entendre)

_____ trois ou quatre grands coups à la porte : c'(être) _____

l'ogre qui (revenir) _____ .

Aussitôt, la femme de l'ogre leur (demander) _____ de se cacher

sous le lit, et elle (aller) _____ ouvrir la porte. L'ogre (demander)

_____ d'abord si le souper (être) _____ prêt, et si

on (déboucher) _____ une bouteille de vin, et aussitôt il (se mettre)

_____ à table. Le mouton (être) _____ encore tout

sanglant, mais l'ogre le (préférer) _____ ainsi. Il (flairer) _____

à droite et à gauche, disant qu'il (sentir) _____ la chair fraîche.

—Je pense, lui (dire) _____ à sa femme, que c'est le veau que je

viens de préparer que vous sentez.

—Je sens la chair fraîche, (répéter) _____ l'ogre, qui (regarder)

_____ sa femme d'un air fâché ; et il y a ici quelque chose que je

n'entends pas.

En disant ses mots, il (se lever) _____ de table et (aller) _____

droit au lit.

—Ah ! (dire / il) _____ , voilà donc comment tu veux me tromper,

maudite femme ! Je ne sais pas pourquoi je ne te mange pas aussi ; quelle idée (te venir)

_____ d'être aussi bête ? Voilà quelque chose à manger qui vient tout à

fait à propos, parce que je dois inviter trois ogres de mes amis qui vont venir me voir ces

jours-ci. Maintenant, j'aurai un bon dîner à leur offrir.

NOM _____ **DATE** _____ **COURS** _____

L'ogre (tirer) _____ les trois enfants de dessous le lit, l'un après l'autre.

Ces pauvres enfants (se mettre) _____ à genoux, en lui demandant

pardon ; mais ils (avoir) _____ affaire au plus cruel de tous les ogres,

qui bien loin d'avoir de la pitié, les (dévorer) _____ déjà des yeux et

disait à sa femme :

—Ils vont être de délicats morceaux si tu me prépares une bonne sauce. Il (aller)

_____ prendre un grand couteau, et en s'approchant de ces pauvres

enfants, il (l'aiguiser) _____ sur une longue pierre qu'il (tenir)

_____ à sa main gauche. Il (saisir) _____ déjà un

enfant quand sa femme lui (dire) _____ :

—Que voulez-vous faire à l'heure qu'il est ? N'aurez-vous pas assez de temps demain ?

—Tais-toi, (dire) _____ l'ogre, ils en seront plus mortifiés.

—Mais vous avez encore là tant de viande, (reprendre) _____ sa

femme : voilà un veau, deux moutons et la moitié d'un cochon !

—Tu as raison, (dire) _____ l'ogre, donne-leur bien à souper pour

qu'ils ne maigrissent pas et va les mener coucher.

La bonne femme (être) _____ ravie de joie, et leur (porter)

_____ à souper, mais ils (ne pas pouvoir)_____

manger, tant ils (avoir) _____ peur. Pour l'ogre, il (se remettre)

_____ à boire, enchanté d'avoir de quoi si bien régaler ses amis. Il

(boire) _____ une douzaine de coups de plus qu'à l'ordinaire, ce qui

(le / rendre) _____ un peu ivre et (l'obliger) _____

d'aller au lit.

L'ogre (avoir) _____ sept filles, qui ne (être) _____

encore que des enfants. Ces petites ogresses (avoir) _____ toutes le teint

très beau, parce qu'elles (manger) _____ de la chair fraîche, comme leur

père ; mais elles (avoir) _____ de petits yeux gris et tout ronds, le nez

crochu et une très grande bouche, avec de longues dents fort aiguës et très séparées l'une

de l'autre. Elles (ne pas être) _____ encore très méchantes mais elles

(promettre) _____ beaucoup, car elles (mordre) _____

déjà les petits enfants pour en sucer le sang.

On les (faire) _____ coucher de bonne heure, et elles (être)

_____ toutes les sept dans un grand lit. Elles (avoir) _____

chacune une couronne d'or sur la tête. Il (y avoir) _____ dans la même

chambre un autre lit de la même grandeur ; ce (être) _____ dans ce lit

que la femme de l'ogre (faire) _____ coucher les sept petits garçons,

après quoi elle (aller) _____ se coucher auprès de son mari.

Le petit Poucet, qui (remarquer) _____ que les filles de

l'ogre (avoir) _____ des couronnes d'or sur la tête, et qui (avoir)

_____ peur que l'ogre regrette de ne pas les avoir égorgés le soir même,

(se lever) _____ vers le milieu de la nuit. Il (prendre) _____

les bonnets de ses frères et son bonnet aussi et il (aller) _____ tout

doucement les mettre sur la tête des sept filles de l'ogre après leur avoir ôté leurs

couronnes d'or qu'il (mettre) _____ sur la tête de ses frères et sur sa

tête aussi. Il s'est dit : « De cette manière, l'ogre nous prendra pour ses filles et ses filles

pour les garçons qu'il (vouloir égorger) _____. »

Holt, Rinehart and Winston, Inc.

NOM _____ **DATE** _____ **COURS** _____

La chose (réussir) _____ comme il (penser) _____

car l'ogre (se réveiller) _____ vers minuit et a regretté d'avoir différé au

lendemain ce qu'il (pouvoir exécuter) _____ la veille. Il s'est donc jeté

brusquement hors du lit et (prendre) _____ son grand couteau :

—Allons voir, a-t-il dit, comment se portent nos petits drôles.

L'ogre (monter) _____ à tâtons à la chambre de ses filles, et

(s'approcher) _____ du lit où étaient les petits garçons qui (dormir)

_____ tous excepté le petit Poucet qui (avoir) _____

bien peur quand il (sentir) _____ la main de l'ogre qui lui (tâter)

_____ la tête, comme il (tâter) _____ celle de tous ses

frères. L'ogre qui (sentir) _____ les couronnes a dit :

—Vraiment, je (aller) _____ faire un beau travail là ; je vois bien que

je (trop boire) _____ hier soir.

Il (aller) _____ ensuite au lit de ses filles, où il (sentir) _____

les petits bonnets des garçons :

—Ah ! les voilà nos gaillards, (dire / il) _____, travaillons hardiment.

En disant ces mots, il (couper) _____ sans hésiter la gorge à ses sept

filles. Fort content de cette expédition, il (aller) _____ se recoucher

auprès de sa femme.

Aussitôt que le petit Poucet (entendre) _____ ronfler l'ogre, il

(réveiller) _____ ses frères, et leur a dit de s'habiller promptement et de

le suivre. Ils (descendre) _____ doucement dans le jardin et (sauter)

_____ par-dessus les murailles. Ils (courir) _____ presque

toute la nuit, toujours en tremblant, et sans savoir où ils (aller) _____.

L'ogre (se réveiller) _____ et a dit à sa femme :

—Monte là-haut préparer ces petits drôles d'hier au soir.

L'ogresse (être) _____ très étonnée de la bonté de son mari. Elle

(ne pas soupçonner) _____ dans quel sens il employait le mot « préparer »

et (penser) _____ qu'il lui (ordonner) _____ d'aller les

habiller. Elle (monter) _____ en haut, où elle (être) _____

bien surprise lorsqu'elle (apercevoir) _____ ses sept filles égorgées et

nageant dans leur sang. Elle (commencer) _____ par s'évanouir, car

c'est le premier expédient que trouvent presque toutes les femmes en pareilles situations.

L'ogre, pensant que sa femme (prendre) _____ trop de temps à faire son

travail, (monter) _____ en haut pour l'aider. Il (ne pas être)

_____ moins étonné que sa femme quand il (voir) _____

cet affreux spectacle.

—Ah ! (Que / faire / je) _____ là, (s'écrier / il) _____.

Ils me le payeront les malheureux, et tout de suite.

Il (jeter) _____ aussitôt un grand pot d'eau dans le nez de sa femme

pour la faire revenir à elle et lui dit :

—Donne-moi vite mes bottes de sept lieues. Je vais aller les attraper.

Il (se mettre) _____ en route, et, après avoir couru bien loin de tous les

côtés, enfin il (entrer) _____ dans le chemin où (marcher) _____

ces pauvres enfants qui (être) _____ seulement à cent pas de la maison

de leur père. Ils (voir) _____ l'ogre qui (aller) _____

de montagne en montagne et qui (traverser) _____ des rivières aussi

facilement que le plus petit ruisseau. Le petit Poucet, qui (voir) _____ un rocher creux près du lieu où ils (être) _____, (dire)

_____ à ses frères : « Cachez-vous là. Faites vite. » Le petit Poucet (s'y

mettre) _____ aussi, mais il (continuer) _____ à observer ce que

l'ogre (aller) _____ faire. L'ogre qui (se trouver) _____

très fatigué du long chemin qu'il (faire) _____ inutilement—car les bottes

de sept lieues fatiguent beaucoup la personne qui les porte—(vouloir)

_____ se reposer ; et par hasard, il (aller) _____

s'asseoir sur la roche où les petits garçons (se cacher) _____.

Comme il (n'en plus pouvoir) _____ de fatigue, il (s'endormir)

_____ après s'être reposé quelque temps, et il (commencer à ronfler)

_____ si effroyablement que les pauvres enfants (avoir) _____

aussi peur que lorsqu'il (tenir) _____ son grand couteau pour leur couper

la gorge. Le petit Poucet, qui (avoir) _____ moins peur, a dit à ses frères :

« Partez vite et rentrez à la maison pendant que l'ogre dort. Ne vous inquiétez pas pour

moi. » Ils (suivre) _____ son conseil et (vite gagner) _____

la maison.

Le petit Poucet (s'approcher) _____ de l'ogre, lui (tirer)

_____ doucement ses bottes et (les mettre) _____

aussitôt. Les bottes (être) _____ fort grandes et fort larges ; mais comme

elles (être) _____ magiques, elles (avoir) _____ le

don de s'agrandir et de se rapetisser selon la jambe de la personne qui les (chausser)

_____. Elles (aller) _____ donc parfaitement à ses

pieds et à ses jambes.

Holt, Rinehart and Winston, Inc.

Il (aller) _____ droit à la maison de l'ogre où il (trouver) _____

sa femme qui (pleurer) _____ auprès de ses filles égorgées.

—Votre mari, lui a dit le petit Poucet, est en grand danger car il a été pris par une

troupe de voleurs qui (jurer) _____ de le tuer s'il ne leur (donner)

_____ pas tout son or et tout son argent. Au moment même où ils lui

(tenir) _____ le poignard sur la gorge, il (m'apercevoir) _____

et (me prier) _____ de venir vous avertir de l'état où il est et de vous

dire de me donner tout ce qu'il a de vaillant, sans rien retenir, parce qu'autrement ils vont

le tuer sans miséricorde. Comme la chose presse beaucoup, il (vouloir) _____

me prêter ses bottes de sept lieues que voilà, pour aller plus vite, et aussi pour vous

persuader que je ne suis pas un imposteur.

La bonne femme, très effrayée, lui (donner aussitôt) _____ tout ce

qu'elle (avoir) _____ ; car cet ogre (être) _____

quand-même un très bon mari, même s'il (manger) _____ les petits

enfants. Le petit Poucet (prendre) _____ toutes les richesses de l'ogre et

(revenir) _____ à la maison de son père où il a été reçu avec beaucoup

de joie.

Il y a bien des gens qui ne sont pas d'accord sur cette dernière circonstance, et qui

prétendent que le petit Poucet (ne jamais faire) _____ ce vol à l'ogre ;

qu'à la vérité il (ne pas hésiter)_____ à lui prendre ses bottes de sept

lieues, parce que l'ogre ne les (utiliser) _____ que pour courir après les

petits enfants. Ces gens-là assurent qu'ils sont correctement renseignés. Certains (boire

même) _____ et mangé dans la maison du bûcheron. Ils assurent que,

NOM _____ DATE _____ COURS _____

lorsque le petit Poucet (mettre) _____ les bottes de l'ogre, il (partir)

_____ à la cour où il (savoir) _____ qu'on (avoir) _____

beaucoup de souci à propos d'une armée qui (être) _____ à deux cents lieues

de là. On (vouloir) _____ savoir le succès d'une bataille qu'on (donner)

_____. Il (aller) _____ trouver le roi et lui a dit :

—Si vous le désirez, je vous rapporterai des nouvelles de l'armée avant la fin du jour.

Le roi lui a dit :

—Je vous promets une grosse somme, si vous réussissez.

Le petit Poucet (rapporter) _____ les nouvelles dès le soir même ;

et cette première course (le rendre) _____ célèbre. Il (gagner)

_____ tout ce qu'il (vouloir) _____, car le roi le

(payer) _____ parfaitement pour porter ses ordres à l'armée, et une

infinité de dames lui (donner) _____ tout ce qu'il (vouloir)

_____ pour avoir des nouvelles de leurs amants, et tout cela (faire)

_____ la fortune du petit Poucet.

Il y avait aussi quelques femmes qui (le charger) _____ de lettres

pour leurs maris, mais elles (le payer) _____ si mal et cela (rapporter)

_____ si peu d'argent qu'il ne (pouvoir) _____ pas

vraiment compter ce qu'il (gagner) _____ de ce côté-là.

Après avoir fait pendant quelque temps le métier de courrier et y avoir amassé

beaucoup de bien, il (revenir) _____ chez son père où il n'est pas

possible d'imaginer la joie qu'on (avoir) _____ de le revoir. Il (mettre)

_____ toute sa famille à l'aise. Il (acheter) _____ des

offices *(posts ; positions)* de nouvelle création pour son père et pour ses frères ; et par là, les

(établir) _____ tous, et (faire parfaitement bien) _____

sa cour en même temps.

Moralité

> On ne s'afflige point d'avoir beaucoup d'enfants
> Quand ils sont tous beaux, bien faits et bien grands,
> Et d'un extérieur qui brille,
> Mais si l'un d'eux est faible, ou ne dit mot,
> On le méprise, on le raille, on le pille :
> Quelquefois cependant c'est ce petit marmot
> Qui fera le bonheur de toute la famille.

VI.   Étude de verbes. *Remplacez les tirets par* **à** *ou* **de** *là où c'est nécessaire. (Voir* **Étude de verbes,** *pages 46–47 de* La Grammaire à l'œuvre.*)*

1. Sous l'effet de la drogue, les murs de sa chambre se sont mis _____ danser. Wesley

    ne pouvait pas _____ bouger, attaché par des cordes invisibles à son lit qui lui

    paraissait _____ grandir à chaque seconde. Il n'osait pas _____ crier. Le son de sa

    voix résonnait comme le vent dans une caverne et semblait _____ accélérer le

    mouvement des murs. Il ne pouvait pas risquer _____ crier au secours. Il fallait

    _____ éviter _____ bouger ; il fallait _____ attendre patiemment. Mais déjà il

    ne savait plus combien d'heures il avait passées là, immobile, _____ regarder le

    plafond qui avait pris toutes les couleurs de l'arc-en-ciel. Wesley se demandait s'il

    serait sauvé, s'il méritait _____ l'être…

2. Mon grand-père disait : « Si tu évites toujours _____ prendre des risques, tu

    n'arriveras à rien dans la vie. »

3. Tout ce que je disais paraissait _____ l'irriter.

4. Savez-vous qui a dit : « Il vaut mieux _____ aimer et souffrir que de ne jamais avoir

    aimé » ?

5. David ne méritait pas _____ recevoir cette bourse. Le comité s'est laissé _____ influencer par le père de David qui est doyen de l'université.

6. Ce jeune médecin est insupportable. Il croit toujours avoir raison. Tous ses collègues évitent _____ lui parler. S'il continue _____ être si hautain *(haughty),* il risque _____ se faire beaucoup d'ennemis.

7. Il y a beaucoup de phénomènes dans le cosmos que l'homme ne sait pas _____ expliquer.

Chapitre

3

L'Interrogation

Programme de laboratoire

MISE EN PRATIQUE

Exercice 1

Intonation. *En français, l'intonation et la tournure « est-ce que » jouent un rôle important dans la formation des questions. Écoutez d'abord la conversation suivante entre deux étudiants à propos d'une amie commune qui est mariée. Notez bien l'intonation de Jean-Paul.*

Jean-Paul : … ?

Christine : …

Jean-Paul : … ?

Christine : …

Jean-Paul : … ?

Christine : …

Jean-Paul : … ?

Christine : …

Jean-Paul : … ?

Christine : …

Jean-Paul : ... ?

Christine : ...

Jean-Paul : ... ?

Christine : ...

Jean-Paul : ... ?

Christine : ...

Jean-Paul : ... ?

Maintenant, vous allez entendre Jean-Paul répéter les questions qu'il vient de poser à Christine, mais cette fois-ci par inversion. Transformez les phrases en utilisant l'intonation ascendante et en suivant les indications données dans votre cahier.

Exemple :   Vous entendez Jean-Paul dire : Éliane va-t-elle au cinéma ce soir ?
Vous dites : Éliane va au cinéma ce soir ?

1. **Jean-Paul :**   ... ?
   Vous : Éliane... ?

2. **Jean-Paul :**   ... ?
   Vous : Son mari... ?

3. **Jean-Paul :**   ... ?
   Vous : Son mari... ?

4. **Jean-Paul :**   ... ?
   Vous : Ils **...** ?

5. **Jean-Paul :**   ... ?
   Vous : Au fait, Éliane... ?

6. **Jean-Paul :**   ... ?
   Vous : Ses parents... ?

7. **Jean-Paul :**   ... ?
   Vous : Ils... ?

8. **Jean-Paul :**   ... ?
   Vous : Tu... ?

Exercice 2

L'inversion. *Dans la langue parlée, on a tendance à poser les questions avec* est-ce que *et l'ordre normal de la phrase. On peut également utiliser l'inversion. Dans cet exercice, vous allez passer de la forme sans inversion à la forme inversée. Écoutez les questions et répétez-les à leur forme inversée.*

Exemple :   Vous entendez : Où est-ce que tu es allé hier soir ?
   Vous dites : Où es-tu allé hier soir ?

1. Quand… ?

2. Où… ?

3. De quoi… ?

4. Avec qui… ?

5. Depuis quand… ?

6. Lequel… ?

7. De quoi… ?

8. Que… ?

Exercice 3

Pour transformer une déclaration en question, on peut ajouter n'est-ce pas *à la fin de la phrase. Notez bien le changement dans l'intonation lorsque vous faites les transformations suivantes.*

Exemple :   Vous entendez : Francine obtient d'excellentes notes à l'université.
   Votre cahier indique : Elle / être / studieuse… ?   (au présent)
   Vous dites : Elle est très studieuse, n'est-ce pas ?

1. Anne-Marie / être des nôtres… ?   (au futur)

2. Tu / bien expliquer / la situation / à Grégoire… ?   (au passé compose)

3. Yves / prendre / des photos… ?   (au passé composé)

4. Pierre / ne pas avoir peur / fantômes… ?   (au présent)

5. Mais, il / être / interdit de fumer dans cet établissement… ?   (au présent)

Exercice 4

Dans le dialogue suivant, Michel veut acheter une télévision. Il se trouve dans une grande surface (hyperstore) et pose des questions au vendeur. Vous jouerez le rôle de Michel en vous aidant des indications de votre cahier pour formuler les questions.

Exemple :   Vous entendez le vendeur dire : Je vois que vous semblez intéressé par nos télévisions.
Votre cahier indique : **Michel :** Oui, … (pouvoir m'aider / vous) ?
Vous dites : Oui, pouvez-vous m'aider ?

1. **Vendeur :** …
   Michel : (avoir / vous) quelque chose en dessous de 2000 F ?

2. **Vendeur :** …
   Michel : La garantie (être inclus) dans le prix ?

3. **Vendeur :** …
   Michel : Parfait ! Je cherche un modèle à coins carrés. En (vendre / vous) ?

4. **Vendeur :** …
   Michel : Tant mieux ! (livrer / vous) à domicile ?

5. **Vendeur :** …
   Michel : Ça me paraît parfait. L'écran (aller) s'abîmer si je regarde la télévision intensément ?

6. **Vendeur :** …
   Michel : Euh ! (pouvoir / je) voir ce modèle ?

7. **Vendeur :** …
   Michel : Parfait ! Ce modèle (permettre) de recevoir les chaînes criptées ?

8. **Vendeur :** … ?
   Michel : Oui, tout à fait. A partir de quel prix (estimer / vous) que je puisse obtenir quelque chose de correct ?

9. **Vendeur :** …
   Michel : Je désire prendre cette télévision et un décodeur. (devoir / je) payer maintenant ou (faire / vous) crédit pour ce type d'appareil ?

10. **Vendeur :** …
    Michel : (accepter / vous) les chèques personnels ou (falloir) une carte de crédit ?

CONVERSATIONS DIRIGÉES

Conversation I

Dans la conversation suivante, vous jouerez le rôle d'une administratrice qui pose des questions à une candidate souhaitant faire un stage dans un pays francophone. Formulez vos questions à partir des indications données dans votre cahier et en utilisant la forme inversée de la question. Après avoir posé la question, vous entendrez la même question suivie d'une réponse possible.

Holt, Rinehart and Winston, Inc.

NOM _____ DATE _____ COURS _____

Exemple : Votre cahier indique : Demandez à la candidate si elle est née aux États-Unis.
Vous dites : Êtes-vous née aux États-Unis ?
Vous entendez la candidate dire : Oui, je suis née aux États-Unis.

1. *Administratrice :* (Demandez à la candidate si elle a déjà étudié le français.)
   Candidate : …

2. *Administratrice :* (Demandez à la candidate si elle connaît d'autres langues étrangères.)
   Candidate : …

3. *Administratrice :* (Demandez à la candidate pourquoi elle souhaite étudier à l'étranger.)
   Candidate : …

4. *Administratrice :* (Demandez à la candidate quand elle compte recevoir son diplôme.)
   Candidate : …

5. *Administratrice :* (Demandez à la candidate si ses parents ou une institution sont prêts à la soutenir financièrement.)
   Candidate : …

6. *Administratrice :* (Demandez à la candidate si elle a déjà fait des stages à l'étranger.)
   Candidate : …

7. *Administratrice :* (Demandez à la candidate si d'autres écoles l'intéressent.)
   Candidate : …

8. *Administratrice :* (Demandez à la candidate quelle carrière elle envisage.)
   Candidate : …

Conversation II

Imaginez que Joël, dont vous jouez le rôle, va faire un tour dans un zoo accompagné d'un enfant qui ne parle que l'anglais. Vous entendrez les questions en anglais de l'enfant qui sont imprimées dans votre cahier. Traduisez-les en français en utilisant la forme des questions avec est-ce que *si possible. Vous entendrez ensuite la réponse du gardien.*

Exemple : Vous entendez l'enfant dire : Where is the monkey cage ?
Vous dites : Où se trouve la cage aux singes ?
Le gardien répond : Au fond de l'allée à droite.

1. **L'enfant :** Who feeds the animals ?
   Joël : … ?
   Le gardien : Les employés du parc et quelques gardes forestiers bénévoles nourrissent les animaux.

2.   **L'enfant :**   To whom do you give the peanuts ?
        Joël :   … ?
        Le gardien : Nous donnons les cacahuètes aux éléphants.

3.   **L'enfant :**   What do the giraffes like to eat ?
        Joël :   … ?
        Le gardien : Certaines girafes aiment bien manger des carottes. Elles mangent aussi les feuilles de certains arbres.

4.   **L'enfant :**   Who takes care of the sick animals ?
        Joël :   … ?
        Le gardien : Le vétérinaire s'occupe des animaux malades.

5.   **L'enfant :**   What medicines do they give the animals ?
        Joël :   … ?
        Le gardien : Cela dépend. Quand ils ont une infection, nous leur donnons des antibiotiques.

6.   **L'enfant :**   Why do those lions roar *(rugir)* when we go near them ?
        Joël :   … ?
        Le gardien : Les lions rugissent pour défendre leur territoire.

7.   **L'enfant :**   How many animals are there in the park ?
        Joël :   … ?
        Le gardien : Il y a environ 200 à 300 animaux dans le parc. Ils viennent du monde entier.

8.   **L'enfant :**   Where do the tigers come from ?
        Joël :   … ?
        Le gardien : Les tigres viennent du Bengal.

9.   **L'enfant :**   When does the zoo close ?
        Joël :   … ?
        Le gardien : Le zoo ferme à 19 heures.

Conversation III

Imaginez que deux amis, Laure et Marcel, viennent de trouver une situation (un emploi) dans le même établissement et qu'ils ont rendez-vous avec le directeur du personnel, M. Patrac, à qui ils posent beaucoup de questions. Vous entendrez les questions de Laure et de Marcel à la forme longue ; répétez-les à la forme courte (l'inversion) tout en suivant les indications données dans votre cahier. Puis, écoutez les réponses de M. Patrac.

Exemple :   Vous entendez Marcel demander : A quelle heure est-ce que les bureaux s'ouvrent ?
                 Votre cahier indique : **Marcel :** (les bureaux / s'ouvrir) ?
                 Vous dites : A quelle heure les bureaux s'ouvrent-ils ?
                 Vous entendez M. Patrac dire : Les bureaux s'ouvrent à neuf heures du matin.

NOM _____ DATE _____ COURS _____

1.   **Laure :**   ... (les étudiants / devoir) adresser les papiers pour la Sécurité sociale ?
      Vous :   ... ?
      M. Patrac :   ...

2.   **Marcel :**   ... (va me donner mon chèque) ?
      Vous :   ... ?
      M. Patrac :   ...

3.   **Laure :**   ... (mon bureau / se trouver) ?
      Vous :   ... ?
      M. Patrac :   ...

4.   **Marcel :**   ... (pourquoi / mon bureau / n'avoir pas / fenêtres) ?
      Vous :   ... ?
      M. Patrac :   ...

5.   **Laure :**   ... (fournir / un ordinateur, un fax et un téléviseur couleur) ?
      Vous :   ... ?
      M. Patrac :   ...

6.   **Marcel :**   ... (de quoi / vouloir / parler aux clients) ?
      Vous :   ... ?
      M. Patrac :   ...

7.   **Laure :**   ... (faire / en cas d'incendie) ?
      Vous :   ... ?
      M. Patrac :   ...

8.   **Laure :**   ... (semaines de congé / avoir droit par an) ?
      Vous :   ... ?
      M. Patrac :   ...

9.   **Marcel :**   ... (avec qui / je / pouvoir jouer / au tennis) ?
      Vous :   ... ?
      M. Patrac :   ...

10.   **Marcel :**   ... (compter / vous / m'augmenter) ?
      Vous :   ... ?
      M. Patrac :   ...

TEXTES DE COMPRÉHENSION

Compréhension globale

Écoutez le texte suivant, un extrait des Misérables *de Victor Hugo. Le héros, Jean Valjean, traverse une crise de conscience.*

Holt, Rinehart and Winston, Inc.

Les Misérables : « Tempête sous un crâne »
Victor Hugo

VOCABULAIRE

Javert   *the police inspector*
Champmathieu   *an innocent prisoner*
se livrer   *to turn oneself in*
chandelle (f)   *candle*
Qu'y a-t-il de clair... ?   *What is clear ...?*
à pareille heure   *at this time*

• • •

Résumé : *Jean Valjean est un ancien prisonnier qui s'est évadé et qui est devenu le maire très respecté de la petite ville où il s'est réfugié. Depuis son évasion, il est recherché par l'inspecteur de police Javert. Un jour, Jean Valjean apprend par l'inspecteur Javert qu'on a mis en prison à sa place un homme qui lui ressemble. Cet homme s'appelle Champmathieu. Jean Valjean, étonné de cette nouvelle inattendue, monte dans sa chambre pour réfléchir. Devrait-il se livrer à la police pour sauver l'homme innocent ou ne rien dire pour pouvoir continuer à faire le bien dans la ville où il habite ?*

Narratrice :
   Rentré dans sa chambre, Jean Valjean a examiné la situation…
   Un moment après, …
   Qui on ?
   Hélas ! ce qu'il voulait mettre à la porte…
   Sa conscience, …
   Pourtant, il a d'abord eu un sentiment de sûreté…

Jean Valjean :
   —Où en suis-je ? …

Narratrice :
   Voilà dans quelle tourmente il était !…
   La première heure a passé ainsi.

Résumé : *Ce tumulte, qui bouleverse la volonté et la raison de Jean Valjean dure toute la nuit. Le lendemain, Jean Valjean se rend au tribunal pour révéler son identité et sauver la vie de l'innocent champmathieu. Jean Valjean est remis en prison, mais il s'évadera de nouveau.*

Questions

1. Pourquoi Jean Valjean est-il angoissé ?

   _____

   _____

2. Quelle présence est entrée dans la chambre de Jean Valjean malgré ses précautions ?

   _____

   _____

NOM _____ **DATE** _____ **COURS** _____

3. Quels gestes et quelles actions révèlent le tourment dans lequel se trouve Jean Valjean ?

_____

_____

_____

_____

4. Quelle signification attribuez-vous au fait qu'il n'y a pas d'étoiles dans le ciel ?

_____

_____

_____

_____

5. Avez vous déjà eu un cas de conscience ? Racontez-le brièvement.

_____

_____

_____

_____

_____

_____

_____

_____

Compréhension, dictée et interprétation

Écoutez maintenant le poème Conjugaisons et interrogations *de Jean Tardieu.* Écrivez les mots qui manquent dans le texte reproduit dans votre cahier. Ensuite, répondez aux questions.*

*Tardieu, Jean (1903–) Poète et dramaturge spirituel dont l'œuvre est souvent un commentaire acerbe sur les conventions de la société. Ses poèmes dépeignent souvent les difficultés de la communication humaine.

Holt, Rinehart and Winston, Inc.

Conjugaisons et interrogations

Jean Tardieu

Narratrice :

J'irai et je n'irai pas j'irai je n'irai pas

_____ ?

Je reviendrai je ne reviendrai pas

Pourtant je partirai (serais-je déjà parti ?)

Parti reviendrai-je ?

Et si je partais ? Et si je ne partais pas ? _____ ?

Elle est partie, elle ! Elle est bien partie Elle ne revient pas

_____ ? Je ne crois pas Je ne crois pas qu'elle revienne

Toi, tu es là Est-ce que tu es là ? Quelquefois tu n'es pas là.

Ils s'en vont, eux. Ils vont ils viennent

Ils partent ils ne partent pas ils reviennent _____

Si je partais, est-ce qu'ils _____ ?

Si je restais, est-ce qu'ils _____ ?

Si je pars, est-ce que tu pars ?

Est-ce que nous allons partir ?

Est-ce que nous allons rester ?

_____ ?

Questions

1. Essayez d'identifier qui pourraient être les personnes dans ce poème où il n'y a que des pronoms : je, elle, tu, nous, ils.

   _____

   _____

   _____

NOM _____ **DATE** _____ **COURS** _____

2. Quels verbes sont utilisés dans ce poème ? Qu'est-ce qu'ils ont en commun ?

     _____

     _____

     _____

3. Quel problème semble tourmenter le poète ?

     _____

     _____

     _____

4. Ce poème est une cascade d'affirmations, de négations et de questions sans réponses. Quelle signification peut-on attacher à cet amalgame paradoxal de formes ?

     _____

     _____

     _____

     _____

     _____

5. A la manière de Jean Tardieu, essayez de composer un petit poème en profitant de certains aspects grammaticaux de la langue pour exprimer une idée.

     _____

     _____

     _____

     _____

     _____

Travail facultatif : *Enregistrez votre poème.*

Holt, Rinehart and Winston, Inc.

Réflexion

Imaginez que Jean Tardieu vienne vous consulter. Quelles questions lui poseriez-vous pour tirer au clair les obscurités ou les contradictions de son poème ?

_____

_____

_____

_____

_____

_____

_____

_____

_____

_____

_____

Holt, Rinehart and Winston, Inc.

Travaux complémentaires

MISE AU POINT

I. *Transformez les phrases suivantes en questions en employant les adverbes ou expressions adverbiales donnés entre parenthèses.*

1. Les lettres sont arrivées. (Quand)

   _____

2. Elle n'a pas pris ses vitamines. (Pourquoi)

   _____

3. Ma mère a rangé *(put away)* mes papiers. (Où)

   _____

4. Les soldats ont réussi à traverser la rivière. (Comment)

   _____

5. Frédéric ne joue plus au tennis. (Depuis quand)

   _____

6. Elle refuserait de collaborer. (Pourquoi)

   _____

7. Robert et Léah sont descendus dans la vallée. (A quel moment)

   _____

8. Richard joue dans l'orchestre de l'université. (Depuis combien de temps)

   _____

9. Le douanier *(customs officer)* a ouvert le paquet. (Pourquoi)

   _____

10. Les étudiants dînent. (Où)

    _____

II. *Remplacez les tirets par* **quelle(s)/quel(s), laquelle/lequel, à laquelle/auquel, de laquelle/ duquel,** *etc.*

1. —Avez-vous vu son chien ?

   —_____ ?

   —Celui qu'il a trouvé dans le parc.

2. Par _____ miracle sommes-nous sortis de là ?

3. _____ situation trouvez-vous la plus ennuyeuse ?

4. _____ de ces instruments s'est-il servi ?

5. _____ difficultés avez-vous eues ?

6. _____ de ces jeunes filles avez-vous envoyé des invitations ?

7. —_____ est l'importance de ce passage ?

   —_____ ?

   — De celui que je viens de lire.

III. *Formez une question avec* **laquelle/lequel, à laquelle/auquel, de laquelle/duquel,** *etc. à par- tir de la phrase donnée. Suivez l'exemple.*

Exemple :   — J'ai vendu quelques-uns de mes tableaux.
                   — Lesquels avez-vous vendus ?

1. — Marie avait envie d'un de ces chapeaux.

   — _____ ?

2. — Ils ont voté pour plusieurs réformes.

   — _____ ?

3. — Annette a téléphoné à une de ces dames.

   — _____ ?

4. — Ils ont choisi une de ces couleurs.

   — _____ ?

NOM _____   **DATE** _____   **COURS** _____

5. — Il a fait allusion à certains troubles psychologiques.

   — _____ ?

IV.   *Transformez les questions suivantes en employant l'inversion.*

1. Pourquoi est-ce que votre ami parle si vite ?

   _____

2. Qu'est-ce que vous voulez ?

   _____

3. Est-ce qu'Alain vous écrira ?

   _____

4. De quoi est-ce que les malades se plaignent ?

   _____

5. Qu'est-ce que vous faisiez ?

   _____

6. Est-ce que vous me le rendrez demain ?

   _____

7. Où est-ce que les avions atterriront ?

   _____

8. Combien de temps faut-il pour aller de Paris à Cannes ?

   _____

9. Est-ce que François vous l'a prêté ?

   _____

10. Qu'est-ce que ta cousine fait ce week-end ?

   _____

V.   *Écrivez la question qui correspond à chacune des affirmations suivantes. Il y a parfois plusieurs possibilités.*

1.   Mes amis jouent aux cartes.

   _____

2.   Sa voiture a besoin de nouveaux freins *(brakes)*.

   _____

3.   Jacques prendra votre place.

   _____

4.   Je me suis disputée avec Alexis. (Employez la forme *tu* dans la question.)

   _____

5.   On m'a promis une augmentation de salaire.

   _____

6.   Ma voisine est rentrée de l'Ontario hier.

   _____

7.   J'ai envoyé la lettre par avion.

   _____

8.   Je mettrai le revolver dans le tiroir de la table à côté de la fenêtre.

   _____

9.   Le dîner a coûté 30 dollars par personne.

   _____

10.   Elle est allée au Portugal avec son ancien mari.

   _____

11.   Je vais mettre un pantalon et un pull-over.

   _____

12. Je reverrai mes grands-parents à Noël.

    _____

13. Nous les avons vus à Cannes pendant le festival.

    _____

14. J'en ai acheté une douzaine.

    _____

15. Ils iront à l'aéroport en taxi.

    _____

16. Yves a parlé le premier.

    _____

17. Sa jambe lui fait mal.

    _____

18. J'ai choisi celle qui vient d'arriver de France. (Employez la forme *vous* dans la question.)

    _____

19. Thierry prend un sorbet à l'ananas *(pineapple)*.

    _____

20. Nous avons construit le mur avec de vieilles briques.

    _____

VI. *(Constructions) Faites des questions avec les éléments donnés. Répondez à vos questions avec* **Cela fait** + *expression de temps* + *que.*

1. Depuis quand / étudier / tu / français ?

   _____

2. Depuis quand / Lydie / habiter / Lyon ?

3. Depuis quand / leurs amis / faire / yoga ?

4. Depuis quand / attendre / vous / vos amis ?

VII. *(Constructions) Terminez les phrases suivantes.*

1. Cela fait cinq mois que…

2. Sylvain et Brigitte ne sortent plus depuis que…

3. Voilà plusieurs mois que…

4. Je fais des mots croisés *(crossword puzzles)* depuis…

5. Il y avait un an que…

VIII. *(Constructions) A partir du contexte donné, faites une phrase selon votre imagination avec le verbe entre parenthèses. (Voir* **Étude de verbes**, *page 74–76, de* La Grammaire à l'œuvre.*)*

1. Vous voyez de beaux fruits exotiques chez le fruitier. Quelle question lui posez-vous ? (valoir)

2. Vous essayez des vêtements dans un magasin et vous décidez de ne rien acheter. Que dites-vous ? (convenir)

3. On vous demande ce qu'il y a dans votre réfrigérateur. Que répondez-vous ? (rester)

   _____

4. Vous entendez un bruit terrible dans la chambre à côté de la vôtre. Quand vous y arrivez, vous voyez de la fumée. Que demandez-vous ? (arriver)

   _____

5. Vous voulez emprunter de l'argent à votre ami. Il vous offre 500 dollars mais vous estimez que c'est trop. Que lui dites-vous ? (suffire)

   _____

PROJETS DE COMMUNICATION

A. *(Devoir écrit)* Vous faites partie du premier vol spatial sur Mars. Il y a des êtres vivants doués d'intelligence sur cette planète. Vous entrez donc en communication avec eux. Imaginez le dialogue entre vous et les Martiens. Quelles sont les questions que vous posez et quelles sont les questions qu'on vous pose ?

B. *(Sketch)* Écrivez un petit texte et jouez-le pour illustrer l'un des proverbes suivants :

   « Le temps, c'est de l'argent. »

   « Rien ne sert de courir, il faut partir à point. » (La Fontaine)

   « La raison du plus fort est toujours la meilleure. » (La Fontaine)

   « Un 'tiens' vaut mieux que deux 'tu l'auras'. »

C. *(Devoir écrit)* Avez-vous déjà organisé une excursion ? Racontez-en les circonstances en employant, dans la mesure du possible, la matière de ce chapitre.

D. *(Exposé oral)* Vous êtes une/un journaliste chargée/chargé d'interviewer une personnalité (artiste, femme/homme politique, chanteuse/chanteur, intellectuelle/intellectuel…). Réfléchissez aux questions à lui poser, en employant à la fois l'inversion et les pronoms interrogatifs. Vous pouvez ensuite jouer le rôle de la/du journaliste qui pose les questions, pendant que l'une/l'un de vos camarades joue le rôle de la célébrité et improvise les réponses.

Chapitre

4

Le Futur et le conditionnel

Programme de laboratoire

MISE EN PRATIQUE

Exercice 1

Situation 1 : Bonnes intentions

Imaginez que vous êtes une personne qui a décidé de changer toutes ses habitudes. Pour chacune des activités que vous entendrez, expliquez ce que vous ferez selon les indications données dans votre cahier.

Exemple :   Vous entendez : Je bois du café.
                  Votre cahier indique : A partir de maintenant, je (boire / du thé).
                  Vous dites : A partir de maintenant, je boirai du thé.

1. A partir de maintenant, je (aller / en France / deux fois par an).

2. A partir de maintenant, je (faire / mes devoirs / dans l'après-midi).

3. L'année prochaine, je (envoyer / un cadeau / à ma sœur).

4. A partir de maintenant, mes frères (regarder / la télé / tout seuls).

5. C'est décidé, je (ne plus jamais jouer / au loto).

Situation 2 : Tout peut s'arranger

Imaginez qu'une amie, Barbara, vient vous trouver pour se plaindre de différents aspects de sa situation actuelle. Vous essayez de l'encourager en indiquant que tout ira mieux à l'avenir.

Exemple :   Vous entendez Barbara dire : Je ne connais personne dans cette ville.

Votre cahier indique : Si tu fréquentes les cafés, tu (faire / la connaissance / de beaucoup de personnes).

Vous dites : Si tu fréquentes les cafés, tu feras la connaissance de beaucoup de personnes.

1. **Barbara :**   …
    Vous :   Si tu travailles à mi-temps, ton mari (ne plus se plaindre).

2. **Barbara :**   …
    Vous :   Si tu engages un tuteur, tes enfants (faire / leurs devoirs) et (avoir / de meilleures notes).

3. **Barbara :**   …
    Vous :   Si tu manges beaucoup de légumes et de riz, tu (perdre / du poids).

4. **Barbara :**   …
    Vous :   Ne t'en fais pas, dans trois ans, il (valoir / le double).

5. **Barbara :**   …
    Vous :   Si vous achetez une voiture, vous (n'avoir pas besoin / de prendre le train).

Exercice 2

A partir des phrases que vous entendrez, formez des phrases hypothétiques selon les indications données dans votre cahier. Imaginez que c'est une amie, Stéphanie, qui vous parle.

Exemple :   Vous entendez : Mes amis n'aiment pas la musique classique.

Votre cahier indique : Si vos amis (aimer) la musique classique, ils (aller) aux concerts de l'orchestre philharmonique.

Vous dites : Si vos amis aimaient la musique classique, ils iraient aux concerts de l'orchestre philharmonique.

1. **Stéphanie :**   …
    Vous :   Si Basile (vendre) sa voiture, il (pouvoir s'acheter) une moto et faire du moto-cross.

2. **Stéphanie :**   …
    Vous :   Si Miriam (écouter) mes conseils, elle (suivre) des cours d'algèbre.

3. **Stéphanie :**   …
    Vous :   Si tu le (finir) à temps, (venir)-tu au cinéma avec moi ?

4. **Stéphanie :**   …
    Vous :   Si vous (pouvoir) prendre des vacances, (aller)-vous à la mer ?

5. **Stéphanie :**   …
    Vous :   S'il faisait beau, on (pouvoir) faire une promenade en montagne.

NOM _____ **DATE** _____ **COURS** _____

6. **Stéphanie :** …
   Vous : Si le baccalauréat (être) plus facile, il y (avoir) plus d'élèves qui y (réussir).

7. **Stéphanie :** …
   Vous : Je suis d'accord. Si la pollution (augmenter) encore, la couche d'ozone (se réduire) dangereusement.

8. **Stéphanie :** …
   Vous : Si le film *La reine Margot* (faire) plus d'un million d'entrées à Paris, il (être) certainement un succès dans la France entière.

Exercice 3

Mettez les verbes des phrases que vous entendrez à la forme nous *du conditionnel présent. Prononcez bien le e des verbes en -er. Pour vous aider, une partie de la phrase est imprimée dans votre cahier.*

Exemple : Vous entendez Diane dire : Pourquoi n'invitez-vous pas Marion à la fête ?
Votre cahier indique : Nous (l'inviter) si elle (parler) un peu moins d'elle-même.
Vous dites : Nous l'inviterions si elle parlait un peu moins d'elle-même.

1. **Diane :** …
   Vous : Charles et moi, nous (t'accompagner) si nous (être) libres.

2. **Diane :** …
   Vous : Si nous (dîner) ensemble, nous (manger) des aliments plus équilibrés.

3. **Diane :** …
   Vous : Nous (t'accompagner) si nous (avoir) moins peur.

4. **Diane :** …
   Vous : Mon ami et moi, nous (aimer bien participer) si vous (avoir) encore besoin d'acteurs.

5. **Diane :** …
   Vous : Nous (devoir nous excuser) auprès d'elle.

CONVERSATIONS DIRIGÉES

Conversation I

Situation 1 : Une soirée

Deux amis, Julien et Hélène, parlent d'une soirée à laquelle ils ont l'intention d'aller. Écoutez leur conversation et participez selon les indications données dans votre cahier. Vous jouerez le rôle de Claude, une amie d'Hélène et de Julien. Ensuite, vous entendrez la confirmation de votre question et la réponse d'Hélène ou de Julien.

Exemple :   Vous entendez : **Julien :** Est-ce que tu vas à la réception cet après-midi ?

                         Héléne : Oui, il y aura des doyens et des professeurs présents.

Votre cahier indique : **Claude :** (Que / compter mettre / tu) ?

Vous dites : Qué comptes-tu mettre ?

Vous entendez Héléne dire : Je compte mettre un tailleur.

1. **Julien :** … ?   **Hélène :** …
    Claude : (A quelle heure / arriver / tu / à la soirée) ?
    Hélène : …

2. **Julien :** … ?   **Hélène :** …
    Claude : (servir / on / aussi des boissons non-alcoolisées) ?
    Hélène : …

3. **Julien :** … ?   **Hélène :** …
    Claude : (avoir / il / des desserts) ?
    Julien : …

4. **Julien :** … ?   **Hélène :** …
    Claude : (jouer / on / des compacts disques) ?
    Hélène : …

5. **Julien :** … ?   **Hélène :** …
    Claude : (danser / tu / avec ton amie) ?
    Julien : …

6. **Julien :** … ?   **Hélène :** …
    Claude : (rester / tu / jusqu'à la fin de la soirée) ?
    Julien : …

7. **Julien :** … ?   **Hélène :** …
    Claude : (regarder / tu / la télé) ?
    Julien : …

8. **Julien :** … ?   **Hélène :** …
    Claude : (organiser / tu / une fête à ton tour) ?
    Julien : …

Situation 2 : Un voyage

Imaginez que votre ami Thierry va faire un voyage au Canada. Un ami, François, lui pose des questions auxquelles il répond. Puis, vous lui posez également une question selon les indications données dans votre cahier. Ensuite, vous entendrez la confirmation de votre question et la réponse de Thierry.

NOM _____ DATE _____ COURS _____

1. **François :** ... ? **Thierry :** ...
    Vous : (voyager en première classe) ?
    Thierry : ...

2. **François :** ... ? **Thierry :** ...
    Vous : (louer un studio) ?
    Thierry : ...

3. **François :** ... ? **Thierry :** ...
    Vous : (voir les endroits touristiques) ... ?
    Thierry : ...

4. **François :** ... ? **Thierry :** ...
    Vous : (aller jusqu'à Kamouraska) ?
    Thierry : ...

5. **François :** ... ? **Thierry :** ...
    Vous : (obtenir un diplôme) ?
    Thierry : ...

6. **François :** ... ? **Thierry :** ...
    Vous : (manger des tourtières) ?
    Thierry : ...

7. **François :** ... ? **Thierry :** ...
    Vous : (prendre des photos) ?
    Thierry : ...

8. **François :** ... ? **Thierry :** ...
    Vous : (faire la connaissance de chanteurs canadiens) ?
    Thierry : ...

9. **François :** ... ? **Thierry :** ...
    Vous : (filmer les moments importants de ton voyage) ?
    Thierry : ...

Conversation II

Répondez négativement aux questions que votre amie Cécile vous pose, puis refaites les phrases au futur avec l'expression de temps donnée.

Exemple :   Vous entendez Cécile dire : Est-ce que tu as parlé à Thomas aujourd'hui ?
Votre cahier indique : Non, je (ne pas lui parler / aujourd'hui), mais je (lui parler / demain).
Vous dites : Non, je ne lui ai pas parlé aujourd'hui, mais je lui parlerai demain.

1. **Cécile :** ... ?
   Vous : Non, je (ne pas bien dormir / hier soir), mais je (dormir / mieux ce soir).

2. **Cécile :** ... ?
   Vous : Non, je (ne pas pouvoir t'aider / à repeindre ta chambre / aujourd'hui), mais je (pouvoir t'aider / demain).

3. **Cécile :** ... ?
   Vous : Non, je (ne pas lui téléphoner), mais je (lui téléphoner / après le dîner).

4. **Cécile :** ... ?
   Vous : Non, je (ne pas aller / au marché), mais je (aller / lundi prochain).

5. **Cécile :** ... ?
   Vous : Non, je (ne pas préparer / le dessert), mais je (le préparer / plus tard).

6. **Cécile :** ... ?
   Vous : Non, je (ne pas ranger / ma chambre), mais je (la ranger / tout à l'heure).

Conversation III

Vous écoutez la conversation entre deux amies, Liliane et Véronique. Après chaque échange, vous ajouterez votre « grain de sel » à la conversation selon les indications données dans votre cahier.

Situation 1 : Qu'est-ce que tu ferais...

Exemple : Vous entendez :
   Liliane : Qu'est-ce que tu ferais si le prof de maths te donnait une mauvaise note ?
   Véronique : J'étudierais davantage.
   Votre cahier indique : Moi, si le prof de maths me donnait une mauvaise note, je (prendre / des leçons particulières).
   Vous dites : Moi, si le prof de maths me donnait une mauvaise note, je prendrais des leçons particulières.

1. **Liliane :** ... ? **Véronique :** ...
   Vous : Moi, si j'avais soif je (prendre / du thé glacé avec du citron).

2. **Liliane :** ... ? **Véronique :** ...
   Vous : Moi, si j'étais fatiguée (m'allonger / dehors au soleil).

3. **Liliane :** ... ? **Véronique :** ...
   Vous : Moi, si je recevais 2 000 dollars, je (les placer / à la banque).

4. **Liliane :** ... ? **Véronique :** ...
   Vous : S'il pleuvait, je (aller / au cinéma).

5. **Liliane :** ... ? **Véronique...**
   Vous : S'il faisait beau, je (faire / du jardinage).

Situation 2 : Ah, les parents !

Maintenant vous écoutez la conversation entre Christian et Jean-Philippe qui se parlent de la réaction de leurs parents. Après chaque échange, ajoutez votre point de vue à partir des indications données dans votre cahier.

1. **Christian :** … ? **Jean-Philippe :** …
   Vous : Moi, si j'interrompais mes études, mes parents (me demander d'expliquer / mes raisons).

2. **Christian :** … ? **Jean-Philippe :** …
   Vous : Si l'université me renvoyait, mes parents (me demander / de suivre des cours d'été pour me rattraper).

3. **Christian :** … ? **Jean-Philippe :** …
   Vous : Si mes parents étaient en vacances, ils (louer / une maison en Provence).

4. **Christian :** … ? **Jean-Philippe :** …
   Vous : Si mes parents gagnaient à la loterie, ils (s'acheter / une nouvelle maison).

5. **Christian :** … ? **Jean-Philippe :** …
   Vous : Si je recevais le Prix Nobel, mes parents (organiser / une grande fête en mon honneur).

TEXTES DE COMPRÉHENSION

Compréhension globale

Écoutez la scène intitulée « Le Futur » extraite d'Eugène Ionesco. Ensuite, répondez aux questions.

Exercices de conversation et de diction françaises pour étudiants américains : « Le Futur »

Eugène Ionesco*

VOCABULAIRE

visage (m)   *face*
se moucher   *to blow one's nose*
nez (m) **en trompette**   *turned-up nose*
nez en colimaçon   *snail-shaped nose ;* **escalier** (m) **en colimaçon**   *spiral staircase*
cligner de l'œil   *to wink one's eye*

---

*Ionesco, Eugène (1912–1994)   Dramaturge français, d'origine roumaine, connu pour ses pièces qui sont un commentaire sur l'absurdité de la vie. Particulièrement célèbres parmi elles sont *La Cantatrice chauve*, *La Leçon* et *Rhinocéros*.

encadrer   *to frame*
mâcher   *to chew*
boucher les trous   *to fill in holes (gaps)*
boucher (m)   *butcher*
dormir sur ses deux oreilles   *to sleep soundly, to rest assured*

• • •

La demoiselle : Bonjour, monsieur.
Le monsieur : Bonjour, mademoiselle, … ?
La demoiselle : Je voudrais m'acheter…
Le monsieur : Pour quand… ?
La demoiselle : Je voudrais…
Le monsieur : C'est un peu court. … ?
La demoiselle : Qu'en ferai-je ? … ?
Le monsieur : Il vous servira à vous moucher.
La demoiselle : Je ne pourrais donc pas me moucher…
Le monsieur : Je vais vous préparer….
La demoiselle : Combien ? …
Le monsieur : Rien n'est plus cher…
La demoiselle : Saurai-je le faire ? …
Le monsieur : Si vous en perdez un, …
La demoiselle : Serai-je… ?
Le monsieur : Vous serez très belle…
La demoiselle : Une bouche ? … ?
Le monsieur : Elle vous sera utile…
La demoiselle : Je saurai faire tout cela ? …
Le monsieur : Où les mettrez-vous ? …
La demoiselle : Mon visage… ?
Le monsieur : Oui, mademoiselle, une seule bouche…
La demoiselle : Quand j'aurai ce visage, … ?
Le monsieur : Pas encore. Il vous faudra…

• • •

Questions

1.   De quoi se compose le visage que la demoiselle désire s'acheter ?

_____

_____

_____

_____

_____

_____

2. Selon Ionesco, à quoi servent les différentes parties du visage ?

_____

_____

_____

_____

_____

_____

3. En décrivant la bouche, Ionesco y attache des fonctions qu'elle n'a pas d'habitude. Lesquelles ?

_____

_____

_____

_____

_____

4. En quoi consiste le comique de ce passage ?

_____

_____

_____

_____

_____

_____

Holt, Rinehart and Winston, Inc.

5.   Dans quels contextes peut-on légitimement refaire son visage ?

_____

_____

_____

_____

_____

_____

_____

_____

_____

_____

_____

Écoutez le poème « L'invitation au voyage » de Baudelaire. Ensuite, répondez aux questions.

Les Fleurs du mal : « L'invitation au voyage »

Charles Baudelaire*

Mon enfant, …
Songe …
D'aller là-bas … !
    Aimer à loisir
    Aimer …
Au pays …
    Les soleils …
    De ces ciels brouillés
Pour mon esprit …
    Si mystérieux
    De tes traîtres …
Brillant …

---

*Baudelaire, Charles (1821–1867)   Poète dont l'œuvre est souvent considérée à la base de la sensibilité moderne. Son recueil *Les Fleurs du mal* fut publié en 1857.

Holt, Rinehart and Winston, Inc.

Là, tout n'est qu'ordre et beauté,
Luxe, calme, et volupté.

Des meubles luisants,
Polis …
Décoreraient …
Les plus rares …
Mêlant …
Aux vagues senteurs de l'ambre,
Les riches …
Les miroirs …
La splendeur …
Tout …
A l'âme …
Sa douce …

Là, tout n'est qu'ordre et beauté,
Luxe, calme et volupté.

Vois sur ces canaux,
Dormir ces vaisseaux
Dont l'humeur …
C'est pour assouvir
Ton moindre …
Qu'ils viennent …
—Les soleils …
Revêtent les champs,
Les canaux, …
D'hyacinthe et d'or ;
Le monde …
Dans une …

Là, tout n'est qu'ordre et beauté,
Luxe, calme et volupté.

Questions

1. A qui ce poème est-il adressé ?

   _____

2. Quels sont les éléments essentiels de cette rêverie où le poète imagine un pays idéal ?

   _____

   _____

_____

_____

_____

_____

3. Si vous invitiez quelqu'un à faire un voyage merveilleux, que proposeriez-vous ?

_____

_____

_____

_____

_____

Compréhension, dictée et interprétation

Vous écouterez maintenant un extrait de la préface au roman Pierre et Jean *de Guy de Maupassant. En écoutant le texte, posez-vous la question suivante : Dans quelle mesure les idées de Maupassant sont-elles encore valables de nos jours ? Les passages omis dans votre cahier seront dictés lentement après la lecture complète du texte. Après les avoir écrits, répondez aux questions.*

Pierre et Jean — Préface

Guy de Maupassant*

Résumé : *Dans cette préface, Maupassant énonce les théories essentielles de l'art d'écrire. Il précise la différence entre le vrai* (reality) *et le vraisemblable* (verisimilitude).

Maupassant : En somme, si le Romancier d'hier choisissait et racontait les crises de la vie, les états aigus de l'âme et du cœur, le Romancier d'aujourd'hui écrit l'histoire du cœur, de l'âme et de l'intelligence à l'état normal. Pour produire l'effet qu'il poursuit, c'est-à-dire, l'émotion de la simple réalité, et pour dégager l'enseignement artistique qu'il en veut tirer, c'est-à-dire la révélation de ce qu'est véritablement l'homme contemporain devant ses yeux, il devra n'employer que des faits d'une vérité irrécusable et constante.

_____

* Maupassant, Guy de (1850–1893) Auteur de plusieurs romans, dont *Pierre et Jean* et *Bel Ami*. Maupassant est surtout connu pour ses nombreux contes qui font de lui un des grands auteurs de la fin du dix-neuvième siècle. Sa préface à *Pierre et Jean*, intitulée « Le Roman » constitue son credo sur la création artistique.

Mais en se plaçant au point de vue même de ces artistes réalistes, on doit discuter et contester leur théorie qui semble pouvoir être résumée par ces mots : « Rien que la vérité et toute la vérité. » Leur intention étant de dégager la philosophie de certains faits constants et courants, _____

_____. (1)

Le réaliste, s'il est un artiste, cherchera, non pas à nous montrer la photographie banale de la vie, mais à nous en donner la vision plus complète, plus saisissante, plus probante que la réalité même.

Raconter tout serait impossible, _____

_____. (2)

Un choix s'impose donc, — ce qui est une première atteinte à la théorie de toute la vérité. La vie, en outre, est composée des choses les plus différentes, les plus imprévues, les plus contraires, les plus disparates ; elle est brutale, sans suite, sans chaîne, pleine de catastrophes inexplicables, illogiques et contradictoires qui doivent être classées au chapitre faits divers.

Voilà pourquoi l'artiste, ayant choisi son thème, _____

_____. (3)

Un exemple entre mille : Le nombre des gens qui meurent chaque jour par accident est considérable sur la terre. _____

_____ ? (4)

La vie encore laisse tout au même plan, précipite les faits ou les traîne indéfiniment. L'art, au contraire, consiste à user de précautions et de préparations, à ménager *(to effectuate)* des transitions savantes et dissimulées, à mettre en pleine lumière, par la seule adresse de la composition, les événements essentiels et à donner à tous les autres le degré de relief qui leur convient, suivant leur importance, pour produire la sensation profonde de la vérité spéciale qu'on veut montrer. Faire vrai _____

_____. (5)

J'en conclus _____

_____. (6)

Quel enfantillage, d'ailleurs, de croire à la réalité puisque nous portons chacun la nôtre dans notre pensée et dans nos organes. Nos yeux, nos oreilles, notre odorat *(sense of smell)*, notre goût différents créent autant de vérités qu'il y a d'hommes sur la terre. Et nos esprits qui reçoivent les instructions de ces organes, diversement impressionnés, comprennent, analysent et jugent comme si chacun de nous appartenait à une autre race.

Chacun de nous se fait donc simplement une illusion du monde, _____

_____. (7)

Et l'écrivain n'a d'autre mission que de _____. (8)

Illusion du beau qui est une convention humaine ! Illusion du laid *(ugliness)* qui est une opinion changeante ! Illusion du vrai jamais immuable ! Illusion de l'ignoble qui attire tant d'autres ! Les grands artistes sont ceux qui imposent à l'humanité leur illusion particulière.

Dictée
Écrivez les phrases omises du texte que vous venez d'entendre.

1. Leur intention étant de dégager la philosophie de certains faits constants et courants,

   _____

   _____

   _____

   _____

2. Raconter tout serait impossible, _____

   _____

   _____

NOM _____ **DATE** _____ **COURS** _____

3. Voilà pourquoi l'artiste, ayant choisi son thème, _____

    _____

    _____

    _____

4. Le nombre des gens qui meurent chaque jour par accident est considérable sur la terre.

    _____

    _____

    _____

    _____

5. Faire vrai _____

    _____

    _____

    _____

6. J'en conclus _____

    _____

7. Chacun de nous se fait donc simplement une illusion du monde, _____

    _____

8. Et l'écrivain n'a d'autre mission que de _____

    _____

    _____

Questions

1. Selon Maupassant, quel est l'objectif de l'artiste moderne ?

    _____

    _____

    _____

2. Pourquoi ne peut-on pas reproduire « toute la vérité » quand on écrit une œuvre de fiction ?

_____

_____

_____

3. Selon Maupassant, les Réalistes devraient être appelés des Illusionnistes. Pourquoi ?

_____

_____

_____

4. Maupassant parle de l'illusion du beau, de l'illusion du laid, de l'illusion du vrai et de l'illusion de l'ignoble. Pouvez-vous citer des exemples d'une de ces illusions en vous basant sur vos propres lectures ?

_____

_____

_____

_____

_____

_____

_____

_____

_____

NOM _____ **DATE** _____ **COURS** _____

Travaux complémentaires

MISE AU POINT

I. *Mettez les verbes entre parenthèses au futur ou au conditionnel présent selon le cas.*

Les Hôtels de l'avenir

Dans l'avenir, il n'y (avoir) _____ plus d'hôtels tels que nous les connaissons aujourd'hui. Les grandes chambres spacieuses avec salle de bains et tout confort seront remplacées par des chambres-capsules. Ces capsules construites en plastique (être) _____ juste assez grandes pour contenir un matelas pour une personne. Cela (permettre) _____ de placer des centaines de capsules à chaque étage. Chaque capsule (contenir) _____ un poste de radio et de télévision, un climatiseur et un réveille-matin.

Si vous descendez dans cet hôtel, vous (laisser) _____ vos vêtements dans un placard à la réception et on vous (donner) _____ en échange une robe de chambre pour la nuit. A tous les étages, il y (avoir) _____ un salon avec des fauteuils confortables où les clients de l'hôtel (pouvoir) _____ lire ou causer. Des machines (dispenser) _____ des boissons et des sandwichs et même des plats chauds. Au sous-sol, un vaste sauna (être) _____ à la disposition des clients.

Naturellement, ces hôtels futuristes (coûter) _____ beaucoup moins cher que ceux de notre époque. Les gens qui (descendre) _____ dans ces établissements (payer) _____ la moitié du prix d'une chambre normale. Avec les économies qu'ils (faire) _____ , ils (dîner) _____ dans de bons restaurants ou (aller) _____ au cinéma ou au théâtre. Ce (être)

_____ un gros avantage pour tous ceux qui (voyager) _____

avec un budget limité.

Et vous, si vous pouviez passer la nuit dans un établissement pareil, (trouver)

_____-vous la chambre à votre goût ou trop petite ? (Pouvoir)

_____-vous dormir dans un long corridor avec d'autres gens

immédiatement à gauche, à droite, au dessus et au dessous de vous ?

Si l'idée de passer une nuit dans une hôtellerie-capsule vous amuse, vous n'avez pas

besoin d'attendre l'avenir. Il vous faut simplement aller au Japon où ces établissements

existent déjà.

(Adapté d'un article du *Wall Street Journal,* 25 février 1981)

A votre tour, imaginez comment seront les hôtels (ou si vous préférez, les villes) de
l'avenir.

_____

_____

_____

_____

_____

_____

_____

_____

_____

_____

Holt, Rinehart and Winston, Inc.

NOM _____ **DATE** _____ **COURS** _____

II. *Mettez les verbes entre parenthèses aux temps voulus par le contexte : présent, futur, imparfait, futur antérieur, conditionnel présent, conditionnel passé.*

1. Quel dommage qu'Yves se soit enrhumé. S'il se sentait mieux, il (pouvoir)

   _____ nous accompagner au concert.

2. Jérôme fait de la gymnastique depuis l'âge de sept ans. S'il (ne pas recevoir)

   _____ de médaille dans le dernier concours, il (être) _____

   très déçu.

3. Quand tu (finir) _____ de lire ce nouveau recueil de poèmes

   d'Adrienne Rich, est-ce que tu (pouvoir) _____ me le passer ?

4. Jacquie ! Quelle bonne surprise ! Je te croyais en voyage d'affaire à Tokyo. Si j'avais

   su que tu allais venir me voir, je (préparer) _____ la chambre

   d'amis, je (aller) _____ au marché acheter quelques provisions.

   —Ne t'en fais pas, Hélène, tu sais bien que je ne suis pas difficile. Et puis, si je (te

   prévenir) _____, tu (ne pas avoir) _____ la surprise.

   Tiens, si tu (vouloir) _____, je t'inviterai au restaurant. Je viens de

   signer un contrat important avec une nouvelle compagnie de voitures. Si tout

   marche bien, je (avoir) _____ la vente exclusive d'un modèle à

   moteur électrique. Quand tu (voir) _____ cette voiture, tu (ne pas

   en croire) _____ tes yeux. Il faut quand même que nous fêtions ça !

5. Si je (tricher) _____ à l'examen, je (avoir) _____

   une meilleure note, mes professeurs (être) _____ sans doute

   impressionnés, mais me (soupçonner) _____-ils ? Et puis mes amis

   que (penser) _____-ils de moi ? Si quelqu'un, m'ayant vu, le (signaler) _____ aux autorités, on (m'appréhender)

_____ certainement ; on me (mettre) _____ à la

porte de l'université. Non, décidément, ça ne vaut pas le risque. Et puis de toute

façon, ma conscience (ne pas être) _____ tranquille le reste de ma

vie. Je (ne pas devoir) _____ penser à une telle action.

6. **Anne :** Nous ne serions pas arrivés en retard à destination si nous (partir)

_____ plus tôt. Maintenant le restaurant de l'auberge est fermé et

il n'y a pas d'autre hôtellerie dans ce petit village perdu des Vosges. Qu'est-ce que

nous allons faire ?

Jean-Pierre : Si tu (m'écouter) _____, nous (rester)

_____ à Paris. Écoute, le patron a l'air raisonnable. Si nous lui

(demander) _____ gentiment et en lui offrant un petit supplément,

peut-être qu'il (faire) _____ quelque chose. Si le chef n'est pas

encore parti, il (vouloir) _____ peut-être bien nous préparer une

omelette au jambon et une salade.

7. Si vous mentez, je (ne jamais vous pardonner) _____, s'est-elle

écriée.

8. L'amie de Julien a pris sa voiture sans lui demander. S'il (vouloir)_____

se venger, il trouvera bien un moyen.

9. **Bernard (au bureau de poste) :** Mademoiselle, j'ai trois colis à expédier de toute

urgence.

L'employé des PTT : Si vous les envoyez par exprès, vos destinataires les (recevoir)

_____ demain après-midi au plus tard.

10. Si les locataires du sixième étaient rentrés avant minuit, je les (entendre) _____ a insisté la concierge. Ma chambre à coucher est à côté de la cage d'ascenseur. Si quelqu'un (s'en servir) _____ je l'entends à chaque coup. De cela vous pouvez être sûr !

    — Oui, mais si les locataires (prendre) _____ l'escalier ? a répondu le commissaire, qu'est-ce qui garantit que vous (les entendre) _____ ?

11. Merci d'être venu avec moi et de m'avoir présenté au gérant de cette firme. J'aurais été très nerveux si vous (ne pas m'accompagner) _____.

12. Si nous avions un divan chez nous, ça (prendre) _____ trop de place. Nous préférons nous asseoir sur des coussins.

13. Si je racontais tout, tu (savoir) _____ combien mon frère a souffert pendant la guerre. Il a passé cinq ans dans la jungle, ne sachant jamais quand on (venir) _____ le secourir. S'il (ne pas tomber) _____ sur des indigènes de bonne volonté qui l'ont caché et nourri, il (ne pas sortir) _____ vivant.

14. Dans quelques années, l'essence (valoir) _____ trois ou quatre dollars le gallon. Et puis, si nous (ne pas trouver) _____ une source d'énergie contenant moins de polluants, l'air (devenir) _____ irrespirable.

15. Nos invités apprécient la bonne cuisine. Il (falloir) _____ leur servir des plats exquis demain. Quand tu (décider) _____ quels plats préparer, dis-le-moi et je (faire) _____ les courses.

III. *Terminez les paragraphes selon votre imagination.*

1. Georges est intelligent mais souvent paresseux. Il préfère aller à des soirées qu'étudier. Quand il a un devoir écrit à faire, il va plutôt voir un film. Quand ses notes sont mauvaises, il les attribue à la sévérité de ses professeurs. Si Georges voulait…

    _____

    _____

    _____

2. Nous avons inspecté la maison de la cave au grenier. Tout semble en ordre parfait. Aucune indication qu'un intrus aurait pénétré les lieux. Mais on ne peut jamais tout prévoir, alors si vous entendiez de nouveau ce bruit curieux…

    _____

    _____

    _____

3. Nous attendons mon oncle et ma tante qui viennent de Chine où ils travaillent tous

    les deux comme missionnaires. Nous les inviterons au restaurant quand ils

    _____ et puis _____.

    —Je me demande si c'est une bonne idée. Je crois qu'ils apprécieraient mieux un bon repas à la maison. Si…

    _____

    _____

    _____

5. L'autre jour, on a montré à la télé une mère qui a refusé pendant de longues années de révéler à sa fille qui était son vrai père. Soldat dans la guerre du Viet-Nâm, il était devenu, en rentrant, un mari abusif. Il mentait, buvait, rendait la vie insupportable à sa femme et la menaçait souvent. La mère, terrifiée s'est dit : « Si je permets…

    _____

    _____

    _____

IV. *Mettez les verbes entre parenthèses au futur antérieur.*

1. Marianne fait des recherches génétiques. Elle compte publier le résultat de ses analyses quand elle (compléter) _____ la série d'observations qu'elle a commencées l'année dernière.

2. Tu peux aller à la bibliothèque. Ne t'inquiète pas de ce que l'appartement est en désordre. Nous avons eu une petite fête hier soir et nous avons voulu faire un peu de place pour danser. Je (remettre) _____ les tapis et les meubles en place avant ton retour.

3. Nous venons de recevoir une carte postale de Janine et Hubert qui sont allés en Égypte pour participer à une fouille archéologique. Ils ont dit : « Nos recherches avancent bien et nous (rentrer) _____ à Paris quand les cours (reprendre) _____. »

V. *Écrivez quatre petits paragraphes de votre invention avec **quand + futur** et **quand + futur antérieur**. Sujets possibles : vos projets de vacances, vos projets d'avenir, vos prévisions pour l'avenir de la planète Terre, les effets bénéfiques ou maléfiques des avances technologiques.*

1. _____

_____

_____

_____

2. _____

_____

_____

_____

3. _____

   _____

   _____

   _____

4. _____

   _____

   _____

   _____

5. _____

   _____

   _____

   _____

VI. *Traduisez les phrases suivantes.*

1. If you look out the window, you can see the sailboats (*voiliers*, m.) on the horizon.

   _____

   _____

2. When Frédéric and Julie arrive, we'll prepare some sandwiches and coffee.

   _____

   _____

3. If it rains tomorrow, I won't go to work.

   _____

   _____

4. I don't know whether Paul McCartney will sing at the concert.

   _____

   _____

5. When Leslie has finished her speech for tomorrow, she will record it.

_____

_____

6. If you want to help me sort out my slides, give me a ring.

_____

_____

7. When he opens the door and sees all his friends, he will be very surprised.

_____

_____

8. When I feel sad, I like being alone.

_____

_____

9. Thierry studied at the University of Laval for four years.

_____

_____

10. I will receive my degree in neurobiology, whereas my brother is specializing in international relations. We both hope to live or study abroad for a year before looking for a job.

_____

_____

_____

_____

11. While you are fixing the engine of this car, I'll check the battery.

_____

_____

_____

Holt, Rinehart and Winston, Inc.

12. We are leaving for Vancouver tomorrow.

_____

_____

13. You should have gone to the concert with us. It was fabulous.

_____

_____

14. Francine shouldn't have left the children home alone. If there had been a fire or a burglary, they would not have known what to do.

_____

_____

_____

_____

15. If you wanted to impress your friends, what would you do?

_____

_____

VII. **Constructions.** *Faites deux phrases avec **devoir** aux temps indiqués à partir de la phrase donnée.*

Exemple :   Annette est absente. (**devoir** : passé composé)
—Elle a dû manquer son autobus.
—Elle a dû oublier la réunion.

1. Gérard est arrivé avec deux heures de retard. (**devoir** : passé composé)

_____

_____

2. Tiens. On frappe à la porte. (**devoir** : présent)

_____

_____

3. Nous n'avons rien à manger. (**devoir :** conditionnel passé)

_____

_____

4. Je n'ai pas beaucoup d'amis. (**devoir :** conditionnel présent)

_____

_____

5. A quelle heure sommes-nous rentrés de la fête ? (**devoir :** imparfait)

_____

_____

6. Je souffre d'insomnie. (**devoir :** conditionnel présent)

_____

_____

7. La bonne fée a dit à Cendrillon : « Avant que la cloche sonne minuit, tu ... » (**devoir :** futur)

_____

_____

PROJETS DE COMMUNICATION

A. *(Exposé oral)* Décrivez un voyage que vous aimeriez faire. Essayez de donner envie à vos camarades de faire ce même voyage. Vous pourriez montrer des brochures touristiques, des cartes postales, des affiches, etc.

B. *(Devoir écrit)* Racontez un moment de votre vie où vous avez eu un choix important à faire. Dites comment votre vie serait différente si vous aviez pris une autre décision.

C. *(Devoir écrit)* Choisissez un aspect de la technologie moderne (par exemple, la télécommunication, la génétique) et projetez-en le développement dans l'avenir. Comment sera la vie ? Serons-nous les maîtres ou les esclaves du progrès technologique et scientifique ?

Holt, Rinehart and Winston, Inc.

D. *(Discussion)* L'an 3000. Imaginez que vous habitez une planète dans une autre galaxie où lors d'un grand congrès de savants, on discute du triste sort de la Terre qui est devenue une planète stérile et inhabitable. Dégagez les raisons de la mort de la Terre et proposez ce qui aurait pu être fait pour éviter le désastre total. Considérez :

a. l'écologie,

b. la course au pouvoir entre les nations,

c. un accident nucléaire ou la guerre nucléaire,

d. une catastrophe naturelle (éruption volcanique, fonte des glaciers),

e. une épidémie (la peste, le SIDA par exemple).

E. *(Présentation à deux)* Inventez un dilemme que vous raconterez à une ami/à un ami qui vous donnera ensuite des conseils en utilisant le conditionnel de *devoir.*

F. *(Devoir écrit)* Terminez les phrases suivantes en utilisant plusieurs verbes au conditionnel.

1. Si Napoléon avait gagné la bataille de Waterloo, …

2. Si les rats (les oiseaux, les fourmis) envahissaient votre ville par milliards, …

3. Si les Russes ou les Américains lançaient une bombe sur…, …

4. Si la Terre se rapprochait ou s'éloignait trop du soleil, …

5. Si on pouvait voyager à la vitesse de la lumière, …

6. Si j'étais naufragée/naufragé sur une île déserte, …

7. Si je n'étais pas née/né, …

8. Si l'homme perdait l'usage de la parole, …

9. Si la transmission des pensées existait, …

G. *(Discussion de classe)* Commentez le sens de la citation suivante :

« Un organe de plus ou de moins dans notre machine nous aurait fait une autre éloquence. Enfin toutes les lois établies sur ce que notre machine est d'une certaine façon seraient différentes si notre machine n'était pas de cette façon. » Montesquieu, *Essai sur le goût*, 1793

H. *(Jeu des dilemmes)* Quatre ou cinq étudiants présenteront le récit de quelque dilemme — un cas de conscience, une décision difficile, une aventure imprévue, un contre-temps, une poursuite en justice, un forfait (réel ou imaginaire), etc. Ces récits seront lus en classe et interrompus avant leur dénouement pour permettre à d'autres étudiants de spéculer : *Si j'étais (avais été) à votre place, je…*

Holt, Rinehart and Winston, Inc.

Chapitre

5

Les Déterminants

Programme de laboratoire

MISE EN PRATIQUE

Exercice 1

Michèle a emmené son fils au cirque pendant le week-end. Éric, un ami, lui pose des questions sur cette sortie. Vous jouerez le rôle de Michèle et répondrez aux questions d'Éric en employant le pluriel et le déterminant approprié.

Exemple :   Vous entendez Éric demander : A-t-il vu un lion au cirque ?
Votre cahier indique : Il (voir / lion) au cirque.
Vous dites : Il a vu des lions au cirque.

1.   **Éric :**   … ?
   Michèle :   Il y (avoir / clown) au cirque.

2.   **Éric :**   … ?
   Michèle :   Non, mais il (y avoir / cheval dressé).

3.   **Éric :**   … ?
   Michèle :   On avait très faim; alors on (manger / cacahuète / bonbon / saucisse / et / pomme au caramel).

4.   **Éric :**   … ?
   Michèle :   C'est un grand cirque, il (y avoir / jongleur / et / acrobate).

113

5.   **Éric :**   ... ?
     Michèle :   Il (y avoir / équilibriste aussi).

6.   **Éric :**   ... ?
     Michèle :   Oui, il (rencontrer / ami / avec / leur / parent).

7.   **Éric :**   ... ?
     Michèle :   Oui, il (y avoir / dresseur de serpents, de lions et de tigres).

Exercice 2

Imaginez que votre bonne amie Catherine, la camarade de chambre de Laure, vous écrit à propos d'un voyage en Afrique que Laure projette de faire. Écoutez d'abord un extrait de la lettre de Catherine. Ensuite, répondez aux questions selon les indications données dans votre cahier. Faites attention aux contractions de l'article.

Exemple :   Vous entendez : Où Laure part-elle en vacances ?
Votre cahier indique : Laure (partir en vacances / Afrique).
Vous dites : Laure part en vacances en Afrique.

Catherine : ...

1.   Laure (ne jamais aller / Kenya).

2.   Laure (emporter / crème solaire / pommade contre les brûlures / désinfectant / et / compresses).

3.   Elle (vouloir emporter / médicaments contre la malaria).

4.   Il (y avoir / punch / et / vin rouge).

5.   Adrien (préparer / poulet grillé à la diable / avec / haricots / et / tartelettes aux fruits).

6.   Laure (recevoir / sac à dos / avec / poches / couteau / et / parfum).

7.   On (acheter / couteau / Suisse).

Exercice 3

Imaginez que vous faites partie d'un groupe d'amis qui parlent de voyages. Refaites la phrase que vous entendrez en substituant aux pays donnés les pays suggérés entre parenthèses.

Exemple :   Vous entendez Annick dire : J'irai en France cet été.
Votre cahier indique : Moi, je (aller / Belgique) cet été.
Vous dites : Moi, j'irai en Belgique cet été.

1.   **Thierry :**   ...
     Vous :   Moi, je (passer mes vacances / Autriche / ou / Portugal).

2.   **Gilberte :**   ...
     Vous :   Mes parents non plus, mais ils (aller / Australie).

NOM _____ DATE _____ COURS _____

3. **Jérémie :** ...
   Vous : Mon cousin qui vient de faire un voyage (Nouvelle-Zélande) est né en France.

4. **Caroline :** ...
   Vous : A mon avis, c'est encore plus difficile de se rendre (Bosnie).

5. **Anastasios :** ...
   Vous : Moi, je (revenir / Pérou).

6. **Isabelle :** ...
   Vous : Moi, mon frère (habiter / Londres), mais il (aller / Suisse) pour ses affaires.

7. **Olga :** ...
   Vous : Moi, je (aimer habiter / Vénézuéla).

8. **Guillaume :** ...
   Vous : Moi, mon professeur d'anglais passe ses vacances (Tibet).

CONVERSATIONS DIRIGÉES

Conversation I

Écoutez les échanges entre Irène et David, puis ajoutez votre point de vue selon les indications données dans votre cahier.

Exemple : Vous entendez : **Irène :** Mets-tu de la mayonnaise sur tes artichauts ?
   David : Non, je mets de la vinaigrette.
   Votre cahier indique : Moi, je (préférer mettre / jus de citron / avec un peu / sel / et / poivre).
   Vous dites : Moi, je préfère mettre du jus de citron avec un peu de sel et de poivre.

1. **Irène :** ... ? **David :** ...
   Vous : Moi, je (prendre / œufs brouillés / et / pain grillé / avec un peu de / confiture).

2. **Irène :** ... ? **David :** ...
   Vous : Moi, je (lire / magazines).

3. **Irène :** ... ? **David :** ...
   Vous : Moi, je (étudier / histoire / sciences politiques / et / philosophie) du matin au soir. Ce (ne pas être / vie) !

4. **Irène :** ... ? **David** ...
   Vous : Oui, et les étudiants (utiliser / stylos / et / papier / pour écrire / devoirs / et / examens).

Holt, Rinehart and Winston, Inc.

5. **Irène :** ... ? **David :** ...
   Vous : Mon sénateur (ne jamais m'écrire / lettres).

6. **Irène :** ... ? **David :** ...
   Vous : Moi, je (aller / Madagascar).

7. **Irène :** ... ? **David :** ...
   Vous : On (pouvoir aussi mettre / rhum / ou / Grand Marnier).

8. **Irène :** ... ? **David :** ...
   Vous : Moi, je (acheter plutôt / pantalons kaki / et / chemise à rayures).

Conversation II

Refaites les phrases que vous entendrez avec le verbe donné en faisant les changements d'article néces-saires. Faites attention aux contractions. Imaginez que c'est votre amie Christine qui vous parle et que vous réagissez à chacune de ses déclarations.

Exemple : Vous entendez Christine dire : J'adore faire des excursions en montagne.
Votre cahier indique : Moi, je (préférer faire / promenades au bord de la mer).
Vous dites : Moi, je préfère faire des promenades au bord de la mer.

1. **Christine :** ...
   Vous : Je (boire / lait) seulement le matin.

2. **Christine :** ...
   Vous : Je (ne pas prendre / vin) le soir. Je (préférer / thé).

3. **Christine :** ...
   Vous : Je (ne pas aimer / tempêtes de neige) et je (avoir peur / orages).

4. **Christine :** ...
   Vous : Tu as de la chance. Moi, je (grandir / Kansas). Je (ne jamais voir / océan), mais je (connaître bien / plaines du Midwest).

5. **Christine :** ...
   Vous : Je (ne pas m'intéresser / informations radio diffusées). Je (préférer lire / journaux / ou / revues).

6. **Christine :** ...
   Vous : Moi, je (avoir / studio en ville). Je (ne presque pas avoir / amis) qui viennent me voir.

7. **Christine :** ...
   Vous : Je (bien vouloir essayer / crêpes), mais je (ne pas tenir à manger / mousse). Je (suivre / régime en ce moment).

Holt, Rinehart and Winston, Inc.

8. **Christine :** …
      Vous : Je (ne pas encore lire / roman russe) ni en russe ni en anglais !

Conversation III

Répondez négativement aux questions qui vous seront posées par votre ami Olivier, puis continuez votre phrase selon les indications données dans votre cahier.

Exemple :   Vous entendez Olivier demander : Prends-tu de la bière le matin ?
                      Votre cahier indique : Non, je …
                                      Je prends (jus d'orange / et / céréales).
              Vous dites : Non, je ne prends pas de bière.
                      Je prends du jus d'orange et des céréales.

Situation 1 : Le petit déjeuner

1. **Olivier :** … ?
     Vous : Non, je …
              Je prends (omelette / pain grillé / et / confitures).

2. **Olivier :** … ?
     Vous : Non, je …
              Je mets (sucre / et / crème).

3. **Olivier :** … ?
     Vous : Non, je…
              Je finis (devoirs) avant de me coucher. Le matin, je lis (revues de sport / ou / magazines).

Situation 2 : Le déjeuner

1. **Olivier :** … ?
     Vous : Non, je …
              Je prends (soupe / et / sandwich / ou / pizza / et / salade).

2. **Olivier :** … ?
     Vous : Non, je …
              Je mets (sauce tomate / moutarde / mayonnaise / cornichons / laitue / et / rondelles de tomates).

3. **Olivier :** … ?
     Vous : Non je…
              Je bois (lait / jus de fruits / citronnade / eau / thé / ou / café).

Situation 3 : Le dîner

1. **Olivier :** … ?
   Vous : Non, je…
   Je prends (viande / ou / poisson / et / légumes).

2. **Olivier :** … ?
   Vous : Non, je…
   Je prends (glace au chocolat / tarte aux pommes / fruits frais / et / gâteau aux carottes).

3. **Olivier :** … ?
   Vous : Non, je…
   Je préfère (tarte aux cerises / glace à la vanille / et / petits gâteaux secs).

TEXTES DE COMPRÉHENSION

Compréhension globale

Vous écouterez d'abord la lecture d'une recette de cuisine traditionnelle française. Ensuite, répondez aux questions de votre cahier.

Le Coq au vin

VOCABULAIRE

coq (m) *rooster, chicken*
faire mariner *to marinate*
faire sauter *to fry, sauté*
faire cuire *to cook*
four moyen (m) *moderate oven (350 degrees)*
faire revenir *to brown (revenue/revenu = browned)*
huile d'olive (f) *olive oil*
poêle (f) *frying pan*
à petit feu *on low heat*
bouquet garni (m) *combination of thyme, bay leaf, and parsley*
à la vapeur *steamed*
Bourgogne *a region of France noted for its red wine and excellent cuisine*

• • •

Recette :

Aimez-vous faire la cuisine ? Eh bien, voici une recette simple…
D'abord, il faut découper le poulet…
Ensuite prenez une grande poêle, ajoutez de l'huile…
Quand le poulet est bien revenu…
S'il n'y a pas assez de liquide…
Entre-temps, nettoyez les champignons…
Servez votre coq au vin dans un joli plat…

• • •

NOM _____   **DATE** _____   **COURS** _____

Questions

1. De quoi a-t-on besoin pour faire un coq au vin ?

    _____

    _____

    _____

    _____

    _____

2. A quel moment ajoute-t-on les champignons et les petits oignons ?

    _____

    _____

3. Qu'est-ce qu'on ajoute à la sauce si elle est trop liquide à la fin de la cuisson ?

    _____

    _____

    _____

4. Quelles boissons peut-on servir avec le coq au vin ?

    _____

    _____

5. Avez-vous une recette favorite ? Indiquez comment vous la préparez.

    _____

    _____

    _____

    _____

    _____

_____

_____

_____

_____

_____

_____

Compréhension, dictée et interprétation

En écoutant l'extrait d'un conte de René Barjavel, écrivez les mots qui manquent dans le texte reproduit dans votre cahier. Ensuite, répondez aux questions.

La Nuit des temps
René Barjavel*

Résumé : *Dans ce roman, où Barjavel joue sur l'idée des temps passés et des temps futurs, une équipe de scientifiques basée au pôle Nord trouve, enfouie dans les profondeurs de glace, une capsule vieille de 900 000 ans qui renferme deux êtres vivants en état d'hibernation. Eléa, la femme, retrouve la vie la première. Elle communique avec les savants et leur explique comment était la vie des Gondas, les habitants du pays de Gondawa, il y a 900 000 ans. Il se trouve, cependant, que beaucoup d'aspects de cette civilisation enfouie étaient très en avance pour leur temps, plus avancés même que la société des chercheurs qui ont découvert cette ancienne civilisation enterrée au pôle Nord.*

La clé était la clé de tout, avait dit Eléa.

_____ entassés *(piled into)* dans la Salle des Conférences

purent s'en rendre compte au cours des séances suivantes.

Eléa, devenue peu à peu maîtresse de ses émotions, put leur raconter et leur montrer

sa vie et celle de Païkan, la vie d'un couple d'enfants _____

_____ et prenant sa place dans la société.

Après la guerre d'une heure, le peuple de Gondawa était resté enterré. Les abris

avaient démontré _____. Malgré le traité de Lampa, personne n'osait

_____

*Barjavel, René (1911–1995)   Journaliste et auteur de science fiction.

Holt, Rinehart and Winston, Inc.

NOM _____ **DATE** _____ **COURS** _____

croire que _____. La sagesse conseillait de

rester à l'abri *(sheltered)* et d'y vivre. La surface était dévastée. Il fallait tout reconstruire. La

sagesse conseillait de reconstruire à l'abri.

Le sous-sol fut creusé davantage en profondeur et en étendue. Son aménagement

engloba les cavernes naturelles, les lacs et les fleuves souterrains. _____

_____ permettait de disposer d'une puissance sans limite et qui pouvait

prendre toutes les formes. On l'utilisa pour recréer sous le sol _____

_____ que celle qui avait été détruite au-dessus. Dans une lumière

pareille à la lumière du jour, les villes enfouies devinrent des bouquets, des buissons, des

forêts. _____ furent créées, poussant à une vitesse qui

rendait visible le développement d'une plante ou d'un arbre. Des machines molles *(soft)* et

silencieuses se déplaçaient vers le bas et vers toutes les directions, faisant disparaître

devant elles la terre et le roc. Elles rampaient *(slithered)* au sol, aux voûtes et aux murs, les

laissant derrière elles polis et plus durs que l'acier *(steel)*.

La surface n'était plus qu'un couvercle, mais on en tira parti *(it was put to good use)*.

Chaque parcelle restée intacte fut sauvegardée, soignée, _____.

_____ Là, c'était un morceau de forêt qu'on _____ ; ailleurs,

un cours d'eau aux rives *(shores)* préservées, une vallée, _____.

On y construisit des bâtiments pour y jouer et s'y risquer à la vie extérieure que la nouvelle

génération considérait comme une aventure.

Au-dessous, la vie s'ordonnait et se développait _____.

Les usines *(factories)* silencieuses et sans déchets *(waste products)* fabriquaient tout ce dont

les hommes avaient besoin.

La clé était la base du système de distribution.

Chaque vivant de Gondawa recevait chaque année _____, calculée d'après la production totale des usines silencieuses. Ce crédit était inscrit _____ géré par l'ordinateur central. Il était largement suffisant pour lui permettre de vivre et de profiter de tout ce que la société pouvait lui offrir. Chaque fois qu'un Gonda désirait quelque chose de nouveau, des vêtements, un voyage, des objets, _____. Il pliait le majeur, enfonçait sa clé dans un emplacement prévu _____, à l'ordinateur central, était aussitôt diminué _____.

Certains citoyens, d'une qualité exceptionnelle, tel Coban, directeur de l'Université, recevaient un crédit supplémentaire. Mais il ne leur servait pratiquement à rien, un très petit nombre de Gondas parvenant à épuiser _____. Pour éviter l'accumulation des possibilités de paiement entre les mêmes mains, ce qui restait des crédits était automatiquement annulé à la fin de chaque année. Il n'y avait _____ _____, il n'y avait _____, il n'y avait que des citoyens qui pouvaient obtenir tous les biens qu'ils désiraient. Le système de la clé permettait de distribuer la richesse nationale en respectant à la fois _____ des Gondas et l'inégalité de leurs natures, chacun dépensant _____ _____.

Une fois construites et mises en marche, les usines fonctionnaient sans main-d'œuvre *(workers)* et avec _____. Elles ne dispensaient pas les hommes _____, car si elles assuraient la production, il restait à accomplir _____. Chaque Gonda devait au travail la

Holt, Rinehart and Winston, Inc.

NOM _____ DATE _____ COURS _____

moitié d'une journée tous les cinq jours, _____ par

fragments. Il pouvait, s'il le désirait, travailler davantage. Il pouvait, s'il voulait, travailler

moins ou pas du tout. Le travail n'était pas rétribué *(remunerated)*. Celui qui choisissait de

moins travailler _____. A celui qui choisissait

de ne pas travailler du tout, il restait de quoi subsister et s'offrir un minimum de superflu.

Les usines étaient posées _____, dans leur plus grande

profondeur. Elles étaient assemblées, accolées *(joined side by side)*, connexées entre elles.

Chaque usine était une partie de toute l'usine qui se ramifiait sans cesse en nouvelles

usines bourgeonnantes, et résorbait celles qui ne lui donnaient plus satisfaction.

Les objets que fabriquaient les usines n'étaient pas des produits d'assemblage, mais de

synthèse. _____ était la même partout : l'Énergie universelle. La

fabrication d'un objet à l'intérieur d'une machine immobile ressemblait à la création,

_____, de l'organisme incroyablement complexe d'un

enfant, à partir de ce PRESQUE RIEN qu'est _____. Mais, dans

les machines, il n'y avait pas de PRESQUE, il n'y avait que _____. Et à

partir de ce rien montait vers la ville souterraine, en un flot *(flood)* multiple, divers et

ininterrompu, tout ce qui était nécessaire _____.

Ce qui n'existe pas existe.

Questions

1. Quels sont les aspects les plus frappants de la nouvelle ville souterraine que le peuple de Gondawa a reconstruite ?

_____

_____

_____

_____

_____

_____

_____

_____

2. Quel usage faisait-on de la vie extérieure à la surface ?

_____

_____

_____

3. Comment fonctionnait le système économique de crédit universel ?

_____

_____

_____

_____

_____

4. Quels rôles les usines jouaient-elles dans cette nouvelle société ? Dans quelle mesure les machines commençaient-elles à ressembler aux hommes ?

_____

_____

_____

_____

NOM _____ **DATE** _____ **COURS** _____

_____

_____

_____

5. Sur quel paradoxe cet extrait finit-il ?

_____

_____

_____

_____

_____

Réflexion

A. *Le texte de Barjavel, publié en 1968, parle d'innovations technologiques qui sont en train de devenir réalité à notre époque, notamment « la clé », une sorte de carte de crédit universelle, qui permet à tout le monde d'obtenir ce qu'on veut. Pouvez-vous imaginer une invention qui changerait radicalement l'organisation de notre société ?*

B. *La nature, autant que l'homme, détruit et reconstruit. Cherchez des exemples qui illustrent à la fois la fragilité de l'homme et de ses civilisations, et la responsabilité qu'il doit à la Terre qui parfois le soutient, parfois le brutalise.*

C. *Avec l'appui de la technologie, la vie sur notre planète prendra-t-elle une forme différente de celle que nous connaissons ? Dans quelle mesure sera-t-elle utopique ? Expliquez.*

_____

_____

_____

_____

_____

_____

_____

Holt, Rinehart and Winston, Inc.

_____

_____

_____

_____

_____

_____

_____

_____

_____

_____

_____

Holt, Rinehart and Winston, Inc.

NOM _____ **DATE** _____ **COURS** _____

Travaux complémentaires

MISE AU POINT

I. *Remplacez les tirets par les mots qui convienent dans le contexte : déterminants, adjectifs possessifs, pronoms démonstratifs, prépositions, etc. N'oubliez pas de faire les contractions là où c'est nécessaire.*

Ainsi va la vie

L'autre jour, des amis discutaient de leurs préférences et de leurs activités.

Anne-Marie : Moi, je vais souvent à la campagne. _____ grands-parents y ont une

vieille ferme qui est dans la famille depuis des années. _____ matin, je

me lève à l'aube pour aider mon grand-père à traire les vaches et à

s'occuper _____ bétail. Je donne à manger _____ poules et

_____ poussins pendant qu'il donne _____ son *(bran)* _____

chevaux et nettoie _____ écurie.

Philippe : Ce n'est pas _____ vie pour moi. Je ne peux pas me lever avant midi.

Après _____ bon bol _____ café au lait avec _____ tartine à la

confiture, je m'installe dans _____ atelier et je travaille à _____

esquisses et à _____ tableaux jusqu'à _____ heure de l'apéritif.

Ensuite, je retrouve mes amis _____ café où nous discutons d'art

jusqu'à _____ heure très avancée de la nuit. Ce n'est pas facile de fonder

une nouvelle école de peinture. Nous y pensons depuis des mois.

Chantal : Ah, la vie d'artiste ! Tu as _____ chance de pouvoir travailler à

_____ heures. Dommage que _____ tableaux ne se vendent pas.

Anne-Marie : Laisse Philippe tranquille.

Chantal : Bon, bon. Alors tu disais que tu t'occupais de _____ ferme.

Anne-Marie : Oui, alors pendant que j'aide mon grand-père, ma grand-mère nous

prépare _____ bon petit déjeuner : _____ œufs, _____

jambon, _____ pommes de terre sautées, _____ café, _____

jus de tomate, _____ pain grillé, _____ confiture, _____

compote de fruits. Elle a toujours peur que je meure de faim parce qu'à

l'université je mange très peu. Je ne prends pas _____ viande parce

que je préfère _____ poisson. Je ne prends presque jamais _____

œufs, ni _____ fromage, ni _____ lait, excepté _____ lait

maigre ou _____ lait à un pour cent qui contient très peu _____

graisse. J'aime bien _____ beurre, mais j'emploie _____ margarine

de préférence. Ma grand-mère me dit sans arrêt que je ne peux pas vivre

_____ salade verte, alors pour lui faire plaisir je fais _____ effort.

L'après-midi, mes grands-parents font _____ sieste, ce qui me donne

_____ temps de faire _____ promenade _____ long de

_____ rivière ou de m'installer sous _____ arbre dans un pré

pour lire. C'est _____ cadre très idyllique, loin des tracas de _____

vie quotidienne. Quand je rentre à _____ université, je me sens calme,

reposée, et prête à reprendre _____ cours et _____ responsabilités

de _____ vie académique.

Jean-Louis : La campagne, ce n'est pas pour moi. Il y a trop _____ bêtes et _____

plantes et pas assez _____ personnes. Et j'ai peur _____ chevaux, par

dessus le marché. On m'a planté sur _____ dos _____ poney quand

j'avais dix ans, et _____ bête n'a rien trouvé de mieux à faire que de ruer et de m'envoyer voltiger dans _____ plates-bandes. J'en ai eu

_____ cauchemars pendant _____ semaines.

Non, moi j'aime me sentir entouré d'amis. J'aime _____ agitation de

_____ ville et toutes les distractions qu'on y trouve. J'adore _____

gratte-ciel, _____ autobus bondés, _____ grands magasins qui

fourmillent d'acheteurs empressés, _____ quais _____ ports où

_____ paquebots attendent de se lancer vers l'inconnu. Le soir je vais

_____ théâtre ou _____ cinéma, ou je passe à mon club privé

prendre un verre avec _____ amis. Ils m'invitent souvent à dîner avec

eux. Nous fréquentons régulièrement les meilleurs restaurants de la ville.

C'est vraiment chouette !

Anne-Sophie : Mais comment peux-tu te permettre ce train de vie ?

Jean-Louis : Depuis qu'on m'a offert _____ vice-présidence de la compagnie

_____ ordinateurs pour laquelle je travaille depuis cinq ans, j'ai _____

moyens de vivre ainsi. J'ai reçu une grosse augmentation. Alors, je n'ai aucune

raison de me priver de quoi que ce soit.

Frédéric : Là, je te reconnais ! A quoi bon faire _____ économies ? _____ vie est

courte, profitons _____ moment, n'est-ce pas ? N'as-tu pas envie de trouver

_____ femme, de te marier, d'avoir _____ enfants ?

Jean-Louis : Une femme peut-être, mais surtout pas _____ enfants. Ils font bien trop

_____ bruit et réclament toujours quelque chose. Je vois mal comment je

pourrais conserver mon train de vie actuel si j'avais _____ marmots dans tous

les coins de la maison.

Holt, Rinehart and Winston, Inc.

Chantal : Quel égoïste ! _____ jour tu le regretteras, tu verras.

Yves : N'insiste pas, Chantal. Tu sais, ce n'est pas donné à tout _____ monde d'être bon parent. Quand j'étais jeune, je voulais apprendre à jouer _____ piano. Ma mère, qu'on avait forcée à faire _____ piano contre son goût quand elle était petite, a voulu que je fasse _____ violon. _____ premiers mois de leçons ont été bien pénibles. Et puis, devinez ce qui est arrivé ! J'ai fini par aimer _____ instrument, surtout après avoir entendu _____ concerto pour violon de Tchaïkovsky.

Chantal : Et que tu as joué avec _____ orchestre philharmonique de Vienne à l'âge de quinze ans !

Yves : Toujours _____ mot pour rire, hein, Chantal ! On n'a pas besoin d'être enfant prodige pour aimer la musique. D'ailleurs, j'ai appris à jouer _____ viole de gambe parce que j'aimais beaucoup _____ musique du Moyen Âge et de la Renaissance. Je trouve que cela vaut mieux que de suivre l'exemple de _____ amis qui jouent mal _____ saxophone et se prennent pour _____ maîtres du blues.

Chantal : Ne commence pas à dire _____ mal du saxophone ni de _____ amis. Ils jouent dans _____ cabarets _____ plus connus de la ville.

Yves : Passons ! Et toi, Marie-Laure, qu'est-ce que tu deviens ? Il y a bien _____ mois qu'on ne t'a pas vue.

Marie-Laure : J'étais en mission de service en Indochine. C'est un travail très confidentiel qui me donne _____ air de mystère qui ne me déplaît pas. Comme je change d'adresse trois fois par mois et que je ne reçois pas

NOM _____ DATE _____ COURS _____

_____ courrier chez moi, mes amis pensent que je suis dans _____

contre-intelligence. Ce n'est pas le cas, mais cela n'a pas d'importance. Il

faut bien que je leur laisse _____ imagination pour protéger mes

intérêts. S'ils m'entendent dire « Je n'ai pas mangé _____ escargots »

ou « Michel n'a pas acheté _____ trompette », ils sont persuadés que ce

sont _____ mots de passe pour m'identifier auprès d'_____ agent

secret ou _____ code secret pour transmettre _____ informations

à l'ennemi. _____ de ces jours, il faudra que je les désabuse.

II. *Récrivez les phrases en remplaçant les noms en italique par des pronoms démonstratifs.*

1. Charles a préparé trois desserts, mais *le dessert* que je préfère est le biscuit roulé avec
    une crème au beurre au moka. Il a trouvé la recette pour *cette crème* dans un livre de
    cuisine du grand chef pâtissier Lenôtre.

    _____

    _____

    _____

    _____

2. Il paraît que les écureuils cachent les noisettes en grande quantité un peu au hasard,
    sans trop se souvenir d'où ils les ont enterrées. Ils en cachent tellement que *les noix*
    qu'ils trouvent tout à fait par accident suffisent à les nourrir pendant les mois d'hiver.

    _____

    _____

    _____

    _____

3. J'ai acheté plusieurs robes l'autre jour dont deux qui étaient en solde. Mais j'ai envie de les rendre toutes. —Le magasin ne reprendra pas *les robes* qui étaient soldées ; ça, je peux te le garantir.

_____

_____

_____

_____

4. L'autre soir, on a passé en revue toute une série de films comiques des années trente et quarante. Nous avons vu quelques classiques avec les trois Stooges, mais nous avons manqué *les films* qui montraient les frères Marx à leurs débuts.

_____

_____

_____

_____

5. J'ai voulu acheter un nouvel appareil-photo, mais *l'appareil* que j'ai vu coûtait très cher. J'ai consulté plusieurs magazines spécialisés mais les annonces dans *ces magazines* étaient pour des appareils ou trop chers ou sans intérêt.

_____

_____

_____

_____

NOM _____ DATE _____ COURS _____

III. *Remplacez les tirets par* **ce, cela,** *ou* **il, elle.**

1. Connaissez-vous Marie-France ? _____ est étudiante à l'École Normale Supérieure. _____ est une jeune fille très sympathique. _____ est la première fois qu'elle vient en Amérique. _____ l'inquiète un peu parce qu'elle ne parle pas très bien l'anglais. Elle suit des cours et elle enseigne aussi. _____ est difficile mais très intéressant. Pendant les vacances, elle louera une voiture et ira visiter tous les parcs nationaux. Ses amis lui ont dit que _____ est la meilleure façon de voir le pays.

2. Je n'ai jamais rencontré son père. _____ est un avocat à San Francisco. _____ est un homme célèbre depuis qu'il a fait acquitter M. X. _____ était un procès incroyable, parce que toutes les preuves étaient contre l'accusé jusqu'au dernier moment. Tous les journaux en ont parlé. _____ a vraiment fait sensation.

IV. *Remplacez les tirets par les prépositions et les articles qui conviennent.*

1. M. Roubaix est un collectionneur sans pareil. Né _____ Norvège, il a visité presque tous les pays du monde au cours de sa vie, et de chacun il a rapporté des souvenirs, des bibelots et des œuvres d'art.

   Tout jeune il était allé _____ Afrique, puis _____ Pérou. Quand il a eu son premier poste dans une compagnie d'importation, il est allé _____ Cuba, _____ Mexique, puis _____ Italie et _____ Égypte.

   Quand on visite sa maison, qui est maintenant transformée en musée, on voit des masques _____ Afrique, des reliques des tribus incas _____ Pérou. De son séjour _____ Égypte il a rapporté des fragments de pierre des Pyramides. Il a également collectionné de la faïence _____ Italie.

2. Ce jeune homme vient _____ Canada. Sa femme, par contre, vient _____ Chili.

3. Anne-Marie a fait un voyage autour du monde pour trouver des meubles et des accessoires pour son nouvel appartement. Elle a acheté des fauteuils Louis XV _____ France, des masques africains _____ Zaïre, une table de salle à manger _____ Danemark, des tapis navahos _____ Arizona, des lits à baldaquins _____ Londres, plusieurs tableaux modernes dans une galerie _____ New York. _____ Indes, elle a trouvé du tissu pour faire ses rideaux et ses couvre-lits. _____ Ukraine, elle est tombée sur un samovar ancien. Elle a acheté un service complet en faïence pour douze personnes _____ Japon.

4. Le secrétaire d'État est parti en mission diplomatique. Il a rencontré des chefs d'État et a fait des discours _____ Cuba, _____ Viêt-Nam, _____ Cambodge, _____ Philippines, _____ Australie et _____ Nouvelle Zélande.

5. J'ai une cousine qui est née _____ Maroc, une autre _____ Brésil.

6. Ces jeunes gens ont étudié dans plusieurs pays : _____ Suisse, _____ Mexique et _____ Russie.

V. *Remplacez les tirets par l'adjectif possessif, le pronom possessif ou l'article défini. Dans les cas où il faut un adjectif ou un pronom possessif, les mots en italique indiquent quelle personne du possessif il faut employer.*

1. *Mes parents* décorent _____ arbre de Noël le vingt-quatre décembre.

2. *Chacun* a pris _____ temps pour finir le travail.

3. Ne sachant pas quoi dire, Luc a haussé _____ épaules.

4. *Nous* avons nettoyé _____ chambre avant de sortir.

5. *Tous les invités* avaient rangé _____ voitures dans le parking à côté de la maison.

6. Après s'être lavé _____ cheveux, Marthe est allée faire des courses.

7. *Jean-Michel* a réparti équitablement les pièces d'or entre _____ amis. *Eux* ont

    mis _____ à la banque. *Lui* a employé _____ pour acheter un ordinateur.

8. *J'*ai rangé _____ livres sur _____ étagère. Où avez-*vous* mis _____ ?

9. _____ radio, que j'ai achetée d'occasion, ne marche pas. Où as-*tu* fait réparer

    _____ ?

10. Le détective peu scrupuleux a appuyé _____ oreille contre la porte pour mieux

    entendre ce que les gens disaient dans le salon.

VI. *Faites des phrases avec les expressions suivantes en prenant la phrase donnée comme point de départ ou en inventant votre propre contexte.*

1. **avoir du mal à** + *infinitif*
   Christophe, pour faire plaisir à ses parents, a entrepris de faire ses études de médecine.

   _____

   _____

   _____

   _____

2. **avoir mal à** + *partie du corps*
   Marie-Louise est tombée en faisant du ski.

   _____

   _____

   _____

   _____

3. **par avion**
   J'ai plusieurs documents qu'il faut que j'envoie d'urgence à mon patron.

   _____

   _____

   _____

   _____

4. **en avion, en bateau, en voiture,** *etc.*
   Le village amazonien que vous voulez voir est très difficile à atteindre.

   _____

   _____

   _____

   _____

5. **en trois ans**
   Ces jeunes gens sont tous des génies.

   _____

   _____

   _____

   _____

6. **avoir envie de**
   Depuis plusieurs semaines notre professeur nous parle des châteaux de la Loire.

   _____

   _____

   _____

   _____

7. **la plupart de**
La population de cette région a doublé en dix ans grâce au développement technologique.

_____

_____

_____

_____

8. **une foule de**
Quand nous sommes arrivés au concert des Rolling Stones, il y avait un embouteillage épouvantable.

_____

_____

_____

_____

PROJETS DE COMMUNICATION

A. Discussion de classe. *Les fêtes traditionnelles en famille.*

B. Exposé oral. *A la manière de la publicité à la télévision, essayez individuellement ou en groupes de persuader les membres de votre classe d'acheter un produit ou de faire quelque chose.*

Chapitre

6

Les Pronoms

Programme de laboratoire

MISE EN PRATIQUE

Exercice 1

Vous allez entendre des débuts de dialogue. Prenez le rôle de la personne indiquée dans votre cahier. Utilisez un pronom d'objet direct ou indirect.

Exemple :   Vous entendez :
    Mme Pelletier : Je viens de faire un gâteau de riz pour Marc. L'as-tu vu récemment ?
        Pierre : Non, je ne l'ai pas vu. Est-ce que tu as mis des fruits confits dans le gâteau ?
    Mme Pelletier : Non, je n'en ai pas mis dedans. As-tu envie de goûter le gâteau ?
    Votre cahier indique : **Pierre :** Oui, je (avoir envie de / goûter).
    Vous dites : Oui, j'ai envie de le goûter.

1. **Douglas :** … ?
    Yvette : Moi non plus, je (ne pas avoir beaucoup).

2. **Martin :** …
    Elise : Mes amis (aller souvent aussi).

3. **Martin :** …?
    Elise : Oui, ils (voir) la semaine dernière.

4. **Alice :** ...
   Victor : ... ?
   Alice : Il (contenir) une cinquantaine.

5. **Victor :** ... ?
   Alice : Oui, je (inclure).

6. **Nicole :** ...
   Chantal : ...
   Nicole : ... ?
   Chantal : Oui, je (écrire).

7. **Henri :** ... ?
   Thomas : Je (me mettre à côté de), parce qu'il (faire rire).

Exercice 2

*Dans la conversation téléphonique suivante, vous discutez avec un ami, Bertrand, d'une soirée. Répondez aux questions de Bertrand en utilisant les pronoms **me, te, nous, vous, la, le, les** selon le cas.*

Exemple :   Vous entendez Bertrand dire : Est-ce que tu m'as téléphoné hier soir ?
Votre cahier indique : Oui, ... (téléphoner).
Vous dites : Oui, je t'ai téléphoné.

1. **Bertrand :** ... ?
   Vous : Oui, ... (écrire).

2. **Bertrand :** ... ?
   Vous : Oui, ... (rappeler).

3. **Bertrand :** ... ?
   Vous : Oui, ... (pouvoir / amener).

4. **Bertrand :** ... ?
   Vous : Oui, ... (demander / venir).

5. **Bertrand :** ... ?
   Vous : Oui, ... (apporter).

6. **Bertrand :** ... ?
   Vous : Oui, ... (apporter).

7. **Bertrand :** ... ?
   Vous : On ... (servir / à neuf heures).

8. **Bertrand :** ... ?
   Vous : Non, ... (ne pas y avoir).

NOM _____ **DATE** _____ **COURS** _____

9. **Bertrand :** ... ?
   Vous : Oui, ... (servir).

10. **Bertrand :** ... ?
    Vous : Oui, ... (pouvoir / envoyer).

Exercice 3

Imaginez que vous êtes une/un detective chargée/chargé avec une collègue, Nathalie, de surveiller les activités de Jacques et de Julie qui sont partis en vacances ensemble. Mais comme ils ont tous les deux l'esprit de contradiction, ils n'ont pas fait les mêmes choses. Pour chacune des activités de Jacques que votre collègue Nathalie a observée, indiquez ce que Julie n'a pas fait. Utilisez des pronoms quand c'est possible.

Exemple :   Vous entendez Nathalie dire : Jacques a fait de la pêche sous-marine.
Votre cahier indique : Julie ...
Vous dites : Julie n'en a pas fait.

1. **Nathalie :** ...
   Vous : Julie...

2. **Nathalie :** ...
   Vous : Julie...

3. **Nathalie :** ...
   Vous : Julie...

4. **Nathalie :** ...
   Vous : Julie...

5. **Nathalie :** ...
   Vous : Julie ...

6. **Nathalie :** ...
   Vous : Julie...

7. **Nathalie :** ...
   Vous : Julie...

8. **Nathalie :** ...
   Vous : Julie ...

Exercice 4

Employez deux pronoms dans l'exercice suivant. Répondez oui *ou* non *selon les indications données. Imaginez qu'un ami, Frédéric, vous parle.*

Holt, Rinehart and Winston, Inc.

Exemple :   Vous entendez Frédéric dire : Je t'ai prêté ma veste en cuir l'autre jour ?
                   Votre cahier indique : Oui, ...
                   Vous dites : Oui, tu me l'as prêtée.

1.   **Frédéric :**   ... ?
         Vous :   Non, ...

2.   **Frédéric :**   ... ?
         Vous :   Oui, ...

3.   **Frédéric :**   ... ?
         Vous :   Oui, ...

4.   **Frédéric :**   ... ?
         Vous :   Oui, ...

5.   **Frédéric :**   ... ?
         Vous :   Oui, ...

CONVERSATIONS DIRIGÉES

Conversation I

Situation 1 : La vie quotidienne

Imaginez que vous parlez à deux amis, Marcel et Éveline. Marcel pose des questions à Éveline, puis à vous. Dans le dialogue suivant, vous jouerez le rôle de Michel qui répond toujours non *aux questions posées par Marcel. Utilisez les indications données dans votre cahier pour terminer les phrases de Michel.*

Exemple :   Vous entendez :
                   Marcel : Éveline, prends-tu des œufs au petit déjeuner ?
                   Éveline : Oui, j'en prends parce que j'ai faim.
                   Marcel : Et toi, Michel ?
                   Votre cahier indique : **Michel :** Non, je ... (y être allergique).
                   Vous dites : Non, je n'en prends pas parce que j'y suis allergique.

1.   **Marcel :**   ... ?
         Éveline :   ...
         Marcel :   ... ?
         Michel :   Non, je... parce que je (devoir travailler pour payer / études).

2.   **Marcel :**   ... ?
         Éveline :   ...
         Marcel :   ... ?
         Michel :   Non, je... parce que je (ne pas avoir / temps).

3. **Marcel :** ... ?
   Éveline : ...
   Marcel : ... ?
   Michel : Non, je... parce que le sujet (ne pas m'intéresser).

4. **Marcel :** ... ?
   Éveline : ...
   Marcel : ... ?
   Michel : Non, je... parce que je (ne pas encore parler très bien / français).

5. **Marcel :** ... ?
   Éveline : ...
   Marcel : ... ?
   Michel : Non, je... parce qu'à minuit je (dormir).

6. **Marcel :** ... ?
   Éveline : ...
   Marcel : ... ?
   Michel : Non, je... parce que (ne pas en avoir).

7. **Marcel :** ... ?
   Éveline : ...
   Marcel : ... ?
   Michel : Non, je... parce qu'ils (jouer de la musique / jusqu'à une heure du matin).

8. **Marcel :** ... ?
   Eveline : ...
   Marcel : ... ?
   Michel : Oui, je... le dimanche.

9. **Marcel :** ... ?
   Éveline : ...
   Marcel : ... ?
   Michel : Non, je ... souvent.

10. **Marcel :** ... ?
    Éveline : ...
    Marcel : ... ?
    Michel : Non je ... parce que mes parents (ne pas m'envoyer) d'argent.

Situation 2 : A la plage

Imaginez maintenant que vous projetez un voyage au bord de la mer. Répondez aux questions qu'on vous posera en utilisant des pronoms. Imaginez que c'est une amie, Suzanne, qui vous parle.

Holt, Rinehart and Winston, Inc.

Exemple :   Vous entendez Suzanne demander : As-tu préparé des sandwichs ?
Vous répondez : Oui, j'en ai préparé.

1. **Suzanne :**   … ?
    Vous :   Oui, je…

2. **Suzanne :**   … ?
    Vous :   Oui, je…

3. **Suzanne :**   … ?
    Vous :   Oui, je…

4. **Suzanne :**   … ?
    Vous :   Oui, je …

5. **Suzanne :**   … ?
    Vous :   Non, je …

6. **Suzanne :**   … ?
    Vous :   Non, je…

7. **Suzanne :**   … ?
    Vous :   Oui, elle…

8. **Suzanne :**   … ?
    Vous :   Oui, je…

9. **Suzanne :**   … ?
    Vous :   Non, je…

Conversation II

Imaginez que vous êtes dans la salle de gymnastique. Répondez aux questions qu'on vous posera en utilisant des pronoms. Imaginez que c'est un ami, Jean-Philippe, qui vous parle.

Exemple :   Vous entendez Jean-Philippe demander : Aimes-tu la nouvelle salle de gymnastique ?

Vous répondez : Oui, je l'aime beaucoup.

1. **Jean-Philippe :**   … ?
    Vous :   Oui, je…

2. **Jean-Philippe :**   … ?
    Vous :   Non, je…

3. **Jean-Philippe :**   … ?
    Vous :   Oui, je…

Holt, Rinehart and Winston, Inc.

4. **Jean-Philippe :** ... ?
   Vous : Oui, je...

5. **Jean-Philippe :** ... ?
   Vous : Non, je...

6. **Jean-Philippe :** ... ?
   Vous : Oui, je...

7. **Jean-Philippe :** ... ?
   Vous : Non, je...

8. **Jean-Philippe :** ... ?
   Vous : Oui, je...

Conversation III

Répondez affirmativement aux questions qu'on vous posera en utilisant des pronoms. C'est une amie, Danielle, qui vous parle.

Exemple :   Vous entendez Danielle demander : As-tu lu le journal ce matin ?
                 Vous répondez : Oui, je l'ai lu.

1. **Danielle :** ... ?
   Vous : Oui, tu...

2. **Danielle :** ... ?
   Vous : Oui, je...

3. **Danielle :** ... ?
   Vous : Oui, je...

4. **Danielle :** ... ?
   Vous : Oui, ils...

5. **Danielle :** ... ?
   Vous : Oui, je...

6. **Danielle :** ... ?
   Vous : Oui, tu...

7. **Danielle :** ... ?
   Vous : Oui, ils...

8. **Danielle :** ... ?
   Vous : Oui, ils...

9. **Danielle :** ... ?
    Vous : Oui, je...

10. **Danielle :** ... ?
    Vous : Oui, il...

11. **Danielle :** ... ?
    Vous : Oui, nous...

12. **Danielle :** ... ?
    Vous : Oui, il...

Conversation IV

Imaginez que vous circulez à New York en voiture avec votre ami Alain. Réagissez à chacune de ses phrases selon les indications données dans votre cahier. Utilisez l'impératif et des pronoms.

Exemple :   Vous entendez Alain dire : Je crois que nous sommes perdus. As-tu une carte ?

Votre cahier indique : Oui, j'en ai une. (s'arrêter) et (regarder) la carte ensemble.

Vous dites : Oui, j'en ai une. Arrêtons-nous et regardons-la ensemble.

1. **Alain :** ...
    Vous : Alors (s'arrêter) au prochain poste et (acheter).

2. **Alain :** ...
    Vous : Voilà ma carte de crédit. (Donner) au garagiste.

3. **Alain :** ...
    Vous : Alors, (vérifier). Tiens, voilà le garagiste qui revient. (Demander) de les vérifier.

4. **Alain :** ...
    Vous : (Ne pas acheter) ici. Je connais une boîte où ils seront moins chers.

5. **Alain :** ... ?
    Vous : Pas sur moi. J'ai laissé mon carnet d'adresses à l'appartement. (Retourner).

6. **Alain :** ...
    Vous : Pas de veine ! C'est la police. (Ralentir) !

7. **Alain :** ...
    Vous : (Préparer) une bonne excuse. Le flic a l'air d'une brute.
    Le policier : Vos papiers, s'il vous plaît !

8.   **Alain :** … ?
       Vous : Tiens, voilà les papiers. (Donner) à l'agent.
   Le policier : Pourquoi roulez-vous avec vos feux de détresse allumés ?
      Alain : (agité) …
   Le policier : Ne vous énervez pas. Éteignez-les et tout ira bien.

9. **Alain :** … !
   Vous : Après ce qui vient d'arriver, (laisser) conduire !

Conversation V

Répondez aux questions avec un pronom possessif. Imaginez que plusieurs amis vous posent des questions.

Exemple :   Vous entendez Henri dire : Quelqu'un a garé sa camionnette devant ma maison. Et toi, quelqu'un a garé sa camionnette devant ta maison ?
      Votre cahier indique : Non, personne ne (garer) sa camionnette…
    Vous dites : Personne n'a garé sa camionnette devant la mienne.

1.   **Georges :** … ?
     Vous : Non, je (ne pas mettre) de crème …

2.   **Caroline :** … ?
     Vous : Oui, moi aussi j'(enfermer) souvent … dans la voiture.

3.   **Xavier :** … ?
     Vous : Oui, elle (finir) aussi…

4.   **Alexandre :** … ?
     Vous : Je (repeindre)… en bleu.

5.   **Bernard :** … ?
     Vous : Nous (garer)… devant l'hôtel de ville.

6.   **Sabine :** … ?
     Vous : Carole et Françoise (ne pas revendre)…

TEXTES DE COMPRÉHENSION

Compréhension globale

Le texte que vous entendrez est adapté d'un fabliau de Bernier, un auteur du Moyen Âge. Le titre en vieux français « La Housse partie » veut dire « La Couverture partagée ». Écoutez le texte. Ensuite, répondez aux questions.

———

* Bernier (13ᵉ siècle)   Connu que par le fabliau « La Housse partie ».

Holt, Rinehart and Winston, Inc.

« La Couverture partagée » (« La Housse partie »)

Bernier

VOCABULAIRE

gêner   *to bother, annoy*
couverture (f)   *blanket*
orgueilleux   *haughty, proud*
ciseaux (m)   *scissors*

• • •

Narratrice : Un vieil homme vivait depuis douze ans chez son fils…
Le jeune homme : Il faut que tu partes…
Le père (attristé) : Est-ce que des amis me loueront un appartement…
Narratrice : Le jeune homme appelle son fils et lui demande…
Le fils du jeune homme : Je ne lui donnerai pas l'autre moitié…
Narratrice : Le père a compris la leçon de son fils…

• • •

Questions

1. Pourquoi l'homme voulait-il chasser son vieux père de la maison ?

   _____

   _____

   _____

   _____

2. Pourquoi l'enfant coupe-t-il la couverture en deux ? Que va-t-il faire avec la deuxième moitié de la couverture ?

   _____

   _____

   _____

   _____

NOM _____ **DATE** _____ **COURS** _____

3. Connaissez-vous d'autres contes moraux ? Racontez brièvement.

_____

_____

_____

_____

_____

_____

_____

_____

_____

_____

_____

_____

_____

_____

_____

_____

_____

_____

_____

Compréhension, dictée et interprétation

Vous écouterez maintenant un extrait des Exercices de conversation et de diction françaises pour étudiants américains. *En écoutant le texte, écrivez les mots qui manquent dans le texte reproduit dans votre cahier. Ensuite, répondez aux questions.*

Holt, Rinehart and Winston, Inc.

Exercices de conversation et de diction françaises pour étudiants américains : « Leçon sur la politesse »

Eugène Ionesco

Résumé : *Les accidents de voitures produisent des discussions animées entre les chauffeurs. Ici, Ionesco les transpose dans le domaine des piétons qui se bousculent sur les trottoirs des villes. Notez le sens de l'absurde et du comique de l'auteur.*

PERSONNAGES

Le monsieur, la dame
Premier chauffeur, Deuxième chauffeur
Une passante, L'agent

Le monsieur : Oh, madame, pardon et mille excuses, si je viens de vous heurter (si je vous ai heurtée) au passage. Je ne l'ai pas fait exprès. La faute en est à la cohue. Vous ai-je fait mal ?

La dame : Pas du tout, monsieur, ce n'est rien, _____ et ne me demandez pas pardon, vous m'avez tout juste un peu frôlée du coude.

Premier chauffeur, au second chauffeur : Alors, quoi, tu ne sais donc pas conduire ? Espèce d'imbécile (de haricot, d'asperge), tu as (t'as) failli entrer dans ma voiture avec la tienne (avec ta trottinette *[stroller]*).

Deuxième chauffeur, au premier : Pourquoi _____, Monsieur ? Je ne vous connais pas. Tu viens de la gauche, je viens de la droite. C'est à moi de passer.*

On n'est pas en Angleterre (on n'est pas chez les Engliches). Tu ne connais pas le code de la route. Par-dessus le marché, tu discutes. Ça ne connaît même pas le code de la route et ça discute. Où donc as-tu eu (est-ce que t'as eu) ton permis de conduire ? _____ dans une pochette-surprise ?†

Premier chauffeur : Et toi, dans la poubelle aux ordures ? _____ ?

Dans la salade de betteraves ? Dans les champignons ? On voit que tu as hérité de ton

---

*En France, selon le code de la route, les voitures venant de la droite ont priorité sur les autres lorsqu'on arrive à un croisement.

†Remarque typique que se lancent les chauffards *(road hogs)* en colère.

Holt, Rinehart and Winston, Inc.

NOM _____ **DATE** _____ **COURS** _____

grand-père son permis de pousser la brouette. _____

(ta bagnole *[car]*, ton carrosse).

Deuxième chauffeur : Non, mais tu aurais pu, tête de lard (ou bien, espèce de brouillard).

Premier chauffeur : Crétin (pourriture *[rot]*, gâteux *[old dotard]*, carotte gelée, etc.).

Le monsieur, à la dame : Oh madame, madame, je vois que vous pâlissez. _____

_____. Ah ! je suis impardonnable, madame, madame.

La dame : Ce n'est rien, je vous assure, il m'arrive de pâlir, sans raison, de temps à autre.

Le monsieur : Madame, oh madame, vous avez mal au pied ! _____
l'orteil *[toe]* ?

La dame : Non, monsieur, qu'imaginez-vous donc ? _____
en pensant à autre chose (par distraction).

Le monsieur : Madame, oh, madame, je m'aperçois que je viens d'enfoncer ma canne dans votre œil. Pardon ; que je suis maladroit !

La dame : Pas du tout, monsieur, c'est mon parapluie.

Premier chauffeur, au deuxième : Je vais te casser la figure (physionomie, gueule). Je vais te corriger (te donner une fessée).

Deuxième chauffeur, au premier : _____ !

Une passante : Au secours ! la police ! _____ !

Le monsieur, à la dame : Oh, madame, votre œil est crevé. Oh, madame, je vous ai vraiment fait mal… oh, madame, _____ ! …

La dame : Pas du tout, je rêve, je fais semblant.

Le monsieur : Mon Dieu, elle s'évanouit. Elle tombe dans mes bras (dans les pommes).

(Aux passants :) _____ et appelons l'ambulance.

Une passante : Empêchez les deux chauffeurs de se battre, _____ !

L'agent, à la passante : Mêlez-vous de ce qui vous regarde *(Mind your own business)*, madame, ou bien (sinon) je vous arrête.

Holt, Rinehart and Winston, Inc.

Questions

1. Quels effets comiques Ionesco tire-t-il de la juxtaposition d'un accident entre piétons et un accident entre deux chauffeurs ?

_____

_____

_____

_____

_____

_____

2. Quels parties du texte vous ont paru les plus comiques ?

_____

_____

_____

_____

_____

_____

3. En quoi la dernière réplique de l'agent est-elle inattendue ?

_____

_____

_____

_____

_____

_____

Réflexion

A. *Avez-vous déjà été le témoin d'un accident ? Racontez.*

B. *Dans les textes de Ionesco, certains mots semblent en appeler d'autres. Citez-en quelques-uns et donnez d'autres exemples de la puissance génératrice des mots. Notez, par exemple, les mots fournis entre parenthèses par Ionesco.*

_____

_____

_____

_____

_____

_____

_____

_____

_____

_____

_____

_____

_____

_____

_____

_____

_____

_____

_____

_____

_____

_____

_____

_____

_____

_____

_____

Holt, Rinehart and Winston, Inc.

NOM _____ **DATE** _____ **COURS** _____

Travaux complémentaires

MISE AU POINT

I. *Répondez aux questions en utilisant des pronoms.*

1. Mettez-vous de la moutarde sur votre bifteck ?

   _____

2. Déjeuneront-ils au café ?

   _____

3. Voient-elles leurs amis le dimanche ?

   _____

4. Me promettez-vous d'aller à la conférence ?

   _____

5. Éric a-t-il peur des chiens ?

   _____

6. Pensez-vous souvent à votre enfance ?

   _____

7. Est-ce que je dois remplir ce formulaire ?

   _____

8. Est-ce que je peux vous rendre le livre demain ?

   _____

9. Jean-Luc a-t-il partagé la tarte aux fraises *(strawberry tart)* avec ses amis ?

   _____

10. Est-ce que je vous ai parlé du surréalisme ?

    _____

11.   Avez-vous envie d'aller au cinéma ?

_____

12.   Voudriez-vous faire du ski ?

_____

13.   Pourriez-vous me faire visiter le campus ?

_____

14.   Est-ce que je t'ai raconté cette histoire ?

_____

15.   Pensent-elles aller à la piscine plus tard ?

_____

II.   *Remplacez les mots en italique par des pronoms.*

1.   Olivier a acheté *une Jaguar.*

_____

2.   Je me suis promené avec *mes amis.*

_____

3.   Philippe a-t-il écrit à *sa sœur ?*

_____

4.   Ce jeune homme sait réparer *les montres.*

_____

5.   J'ai ouvert *les fenêtres.*

_____

6.   Barbara a prêté son collier *à Hélène.*

_____

NOM _____ DATE _____ COURS _____

7. Montrez votre bicyclette *à Francine.*

    _____

8. Donnez-moi *votre numéro de téléphone.*

    _____

9. Il nous a parlé *de son voyage au Québec.*

    _____

10. Ils ont beaucoup *d'énergie.*

    _____

III. *Refaites les questions avec inversion.*

1. Est-ce qu'il vous l'a donné ?

    _____

2. Est-ce que vous lui en avez parlé ?

    _____

3. Est-ce que Pauline vous l'a montré ?

    _____

4. Pourquoi est-ce que Marie-Anne n'y est pas allée ?

    _____

5. Pourquoi est-ce que votre mère vous parle si sévèrement ?

    _____

6. Comment est-ce que vos amis vont s'habiller pour la première de cette pièce ?

    _____

IV. *Remplacez les tirets par* **à** *ou* **de** *là où c'est nécessaire. Ajoutez l'article quand il le faut. (Voir page 152 de* La Grammaire à l'œuvre.*)*

1. Il y a des musiciens et des musiciennes très doués qui jouent _____ plusieurs

    instruments. Marthe, par exemple, joue _____ harpe, _____ violoncelle et

Holt, Rinehart and Winston, Inc.

_____ clavecin (*harpsichord*). Son ami Léonard joue _____ flûte et _____ piano.

Mon frère, qui est amateur de rock, joue _____ guitare électrique.

2. Ma sœur adore jouer _____ cartes : _____ poker, _____ rami, et elle gagne toujours.

3. Les enfants jouent _____ balle dans la cour.

V. *Faites des phrases ou écrivez un paragraphe avec les expressions suivantes :* **s'en aller, en être, s'y connaître, manquer, manquer de, manquer à, jouer à,** *et* **jouer de.** *(Voir* **Constructions**, *pages 150–152 de* La Grammaire à l'œuvre.*)*

_____

_____

_____

_____

_____

_____

_____

_____

_____

_____

_____

VI. *Traduisez. (Voir* **Étude de verbes***, pages 151–152 de* La Grammaire à l'œuvre.*)*

1. I missed the plane.

_____

2. Will you miss your brother?

_____

NOM _____ **DATE** _____ **COURS** _____

3. His remarks are never lacking in subtlety.

_____

4. I'm short on cash; could you lend me $20?

_____

5. I miss you very much.

_____

6. He missed the sound of her voice.

_____

PROJETS DE COMMUNICATION

A. *(Devoir écrit)* Imaginez que vous êtes une/un téléphoniste indiscrète/indiscret. Vous écoutez la conversation des abonnés *(telephone subscribers)*. Racontez une des conversations que vous avez entendues. Peut-être y avez-vous participé.

B. *(Sketch)* Avec une/un de vos camarades, présentez une conversation téléphonique en classe.

Vocabulaire

appareil de téléphone (m)   *telephone*
décrocher   *to answer (to lift the receiver)*
récepteur (m)   *the receiver*
tonalité (f)   *dial tone*
composer un numéro   *to dial a number*
Allô   *Hello (telephone only)*
Qui est à l'appareil ?   *To whom am I speaking? Who is this?*
Ne quittez pas, s'il vous plaît.   *Please hold on; Hold please.*
téléphoner en p.c.v.   *to make a collect call*
Ça sonne occupé.   *The line is busy.*

C. *(Exposé oral)* Racontez vos aventures dans les grands magasins pendant la saison de Noël.

D. *(Devoir écrit)* En vous inspirant d'Ésope ou de La Fontaine, ou d'une histoire pour enfants, racontez une anecdote qui contient une morale à la fin.

Holt, Rinehart and Winston, Inc.

Chapitre

7

Les Verbes pronominaux

Programme de laboratoire

MISE EN PRATIQUE

Exercice 1

Les étudiants d'une résidence universitaire sont toujours très occupés. Écoutez le récit de leurs activités par un journaliste et indiquez si vous ou vos camarades faites les mêmes choses qu'eux ou non. Suivez les indications données dans votre cahier.

Exemple :   Vous entendez le journaliste dire : Christian se lève à 6 heures du matin.
Votre cahier indique : Moi non, je (se lever) à 6 heures du matin.
Vous dites : Moi non, je ne me lève pas à 6 heures du matin.

1. **Le journaliste :**   …
   Vous :   Moi aussi, je prends une douche froide le matin pour (se réveiller) avant d'aller au cours.

2. **Le journaliste :**   …
   Vous :   Sauf Irène, elle (ne jamais se dépêcher).

3. **Le journaliste :**   …
   Vous :   Moi, je (ne jamais se disputer) avec mes camarades de chambre.

4. **Le journaliste :**   …
   Vous :   Toi aussi, tu (se plaindre) du bruit.

5. **Le journaliste :** ...
   Vous : J'aime aussi (se promener) dans le parc Montsouris.

6. **Le journaliste :** ...
   Vous : Je pense que tu te trompes, ils (ne pas se hâter) de rentrer à la résidence universitaire.

7. **Le journaliste :** ...
   Vous : Tu as raison, nous (se retrouver) dans un bar pour (s'amuser) un peu.

8. **Le journaliste :** ...
   Vous : Tous les étudiants essayent de (ne pas se coucher) trop tard pour pouvoir (se lever) à l'heure le matin.

Exercice 2

Imaginez que David, un de vos amis, vient de vous envoyer une lettre à propos d'Émilie et de Rémi, deux amis d'enfance que vous avez perdus de vue. Écoutez d'abord la lettre de David.

Lettre de David : ... ...

Imaginez maintenant qu'une amie, Christiane, qui connaît aussi Émilie et Rémi, vous demande des précisions sur la lettre que vous venez de recevoir. Formulez des phrases avec des verbes pronominaux en utilisant les indications données dans votre cahier.

1. **Christiane :** ... ?
   Vous : Ils (se rencontrer) au lycée.

2. **Christiane :** ... ?
   Vous : Dès qu'ils (se voir), cela a été le coup de foudre.

3. **Christiane :** ... ?
   Vous : Non, ils (ne pas se parler), mais ils (se regarder) souvent du coin de l'œil.

4. **Christiane :** ... ?
   Vous : Un jour Émilie (se blesser) et Rémi l'a aidée à aller à l'infirmerie.

5. **Christiane :** ... ?
   Vous : Ils (se revoir) plusieurs fois.

6. **Christiane :** ... ?
   Vous : Ils (s'étonner) de ne plus voir leur fille travailler aussi assidûment qu'auparavant, et ils (s'inquiéter).

7. **Christiane :** … ?
   Vous : Ils (se rendre compte) qu'elle passait beaucoup de temps au téléphone et qu'elle sortait beaucoup le soir. Alors, ils (se souvenir) de leurs années au lycée avec nostalgie.

8. **Christiane :** … ?
   Vous : Après son baccalauréat, Émilie (s'inscrire) à l'université.

9. **Christiane :** … ?
   Vous : Rémi (s'engager) dans la marine. Il est parti autour du monde pendant un an et demi.

10. **Christiane :** … ?
    Vous : Ils (s'écrire) trois fois par semaine.

11. **Christiane :** … ?
    Vous : Pendant ce temps, Émilie (se dépêcher) de finir sa maîtrise.

12. **Christiane :** … ?
    Vous : Deux ans après, ils (se marier).

CONVERSATIONS DIRIGÉES

Conversation I

Imaginez qu'un ami, Bernard, vous pose des questions sur la vie quotidienne. Répondez à ses questions selon les indications de votre cahier.

Exemple : Vous entendez Bernard dire : A quelle heure te couches-tu ?
Votre cahier indique : Je (se coucher / minuit)
Vous dites : Je me couche à minuit.

Situation 1 : Les activités quotidiennes

1. **Bernard :** … ?
   Vous: Je (se lever / 9 heures du matin) …

2. **Bernard :** … ?
   Vous : Oui, je (se dépêcher) …

3. **Bernard :** … ?
   Vous : Oui, je (se brosser) …

4. **Bernard :** … ?
   Vous : Oui, je (s'asseoir) …

5. **Bernard :** ... ?
   Vous : Non, je (s'endormir) ...

6. **Bernard :** ... ?
   Vous : Pour (se détendre), je fais du Tai Chi.

Situation 2 : Souvenirs d'enfance

Maintenant, imaginez qu'une amie, Chantal, vous pose des questions sur vos souvenirs d'enfance. Répondez selon les indications de votre cahier.

1. **Chantal :** ... ?
   Vous : Oui, je (se disputer) quelquefois avec mes parents quand j'étais jeune.

2. **Chantal :** ... ?
   Vous : Non, je (ne pas se moquer) de mes frères.

3. **Chantal :** ... ?
   Vous : Oui, mes camarades de classe (se moquer) de moi.

4. **Chantal :** ... ?
   Vous : Non, mes parents (ne pas se fâcher) contre moi.

5. **Chantal :** ... ?
   Vous : Non, je (ne pas s'entendre bien) avec mes instituteurs.

6. **Chantal :** ... ?
   Vous : Pour (s'amuser), nous faisions des parties de pêche.

Situation 3 : En retard

Maintenant, imaginez que vous et vos amis êtes arrivés avec deux heures de retard pour un dîner important. Votre hôte, Mme Tisserand, vous pose des questions auxquelles vous répondez selon les indications de votre cahier.

1. **Mme Tisserand :** ... ?
   Vous : Oui, nous (se perdre) en route.

2. **Mme Tisserand :** ... ?
   Vous : Oui, il (se mettre) à pleuvoir.

3. **Mme Tisserand :** ... ?
   Vous : Nous (s'arrêter) dans une station-service, mais le téléphone était en dérangement.

4. **Mme Tisserand :** ... ?
   Vous : Non, nous (ne pas s'ennuyer), mais nous (s'inquiéter beaucoup) à cause de notre retard.

Conversation II

Martin et Mariette organisent un voyage à la Côte d'Azur auquel vous allez participer. Malheureusement, vous et vos amis n'êtes pas toujours d'accord. Dans la conversation suivante, utilisez les indications de votre cahier pour ajouter votre perspective à la conversation.

Situation : Projet de voyage Paris – Côte d'Azur

Exemple :   Vous entendez : Je regarderai la télé avant de me coucher ce soir.

Moi non, je ne regarderai pas la télé avant de me coucher. Il faut que je dise au revoir à mes amis.

Votre cahier indique : Moi non plus, je ne regarderai pas la télé avant de me coucher.

Je (se promettre) de finir le roman que j'ai commencé il y a un mois.

Vous dites : Moi, non plus je ne regarderai pas la télé avant de me coucher.

Je me suis promis de finir le roman que j'ai commencé il y a un mois.

Martin :   …

Mariette :   …

Vous :   Moi non plus. Je refuse de (se lever) avant dix heures du matin.

Martin :   …

Mariette :   …

Vous :   Pendant que vous discutez d'hygiène personnelle, moi, je vais (s'occuper) de choses sérieuses. Les valises ne sont pas faites.

Mariette :   …

Vous :   Justement, rien ! Je n'ai rien à (se mettre).

Martin :   …

Vous :   Comment veux-tu que je fasse ça en un quart d'heure ? Je n'aime pas (s'y prendre) à la dernière minute, tu le sais bien.

Martin :   …

Mariette :   …

Vous :   Ni l'un ni l'autre. J'ai un thermos dont nous pouvons (se servir). Nous boirons le café en route.

Martin :   …

Mariette :   …

Vous :   Ah, non ! Dans la vie il ne faut pas (se priver). Emportons des œufs durs et des sandwiches au pâté pour le déjeuner.

Martin :   …

Mariette :   …

Vous :   Tu as raison. J'ai déjà du mal à (se tirer d'affaire) avec ce que je gagne. Et n'oublie pas que je n'ai rien à (se mettre) sur le dos !

Martin : ...
Mariette : ...
Vous : Pour une fois je suis d'accord. Les gens qui (se balader) sur la Croisette sont quand même plus drôles que les écureuils faisant des provisions de noix pour l'hiver.

Martin : ...
Mariette : ... ?
Martin : ...
Mariette : ...
Vous : Trêve de fantaisie ! Si nous continuons à (se disputer), nous ne partirons jamais.
Martin : ...

Conversation III

Élizabeth parle au téléphone à son mari Christian qui vient de partir en voyage d'affaires; elle lui fait des reproches. Le mari se défend comme il peut. Jouez le rôle de Christian en utilisant les indications données entre parenthèses.

Exemple : Vous entendez Élizabeth dire : Tu as oublié les sandwiches que j'avais préparés pour toi.
Votre cahier indique : Je (s'en souvenir) dans l'avion ; c'est bien dommage.
Vous dites : Je m'en suis souvenu dans l'avion ; c'est bien dommage.

1. **Élizabeth :** ...
   Christian : En effet, mais je (se souvenir) d'éteindre le chauffage.

2. **Élizabeth :** ...
   Christian : Je (s'en rendre compte), mais je n'ai pas eu le temps de la réparer avant de partir en voyage.

3. **Élizabeth :** ...
   Christian : (Ne pas s'ennuyer [futur avec *tu*] ? Je ne comprends pas pourquoi ils (s'installer) dans une ferme perdue en Bretagne.

4. **Élizabeth :** ...
   Christian : En fait, il (ne pas s'agir de) la campagne. Tu sais bien que je (ne jamais s'entendre) avec ton père. Nous (se disputer) à chaque visite. A mon avis, les commis-voyageurs valent autant que les fermiers. Je ne vois pas pourquoi il (se moquer) de moi simplement parce que je préfère la ville à la campagne.

5. **Élizabeth :** ...
   Christian : Je (ne pas se souvenir) de grand chose. Tu sais bien que j'avais pris un verre de trop. J'avais les idées troubles. Je (ne pas s'apercevoir) que tu me faisais signe de (se taire). Je (s'emporter), c'est vrai, mais c'est bien la première fois que cela m'est arrivé.

Holt, Rinehart and Winston, Inc.

NOM _____   **DATE** _____   **COURS** _____

TEXTES DE COMPRÉHENSION

Compréhension globale

Écoutez le texte. Ensuite, répondez aux questions.

Histoire de Lise

VOCABULAIRE

banc (m)   *bench*
se maquiller   *to put on make-up*
se peigner   *to comb one's hair*
se plaindre   *to complain*

• • •

Narratrice : Lise, une jeune femme d'environ vingt-cinq ans…
Lise : Est-ce que je me suis maquillée…
Narratrice : Et elle a vite sorti son miroir de poche…
Lise : Seulement midi cinq…
Narratrice : Lise regardait autour d'elle de plus en plus troublée.
Lise : Mais où est Marcel ? Nous nous sommes pourtant donné rendez-vous…

• • •

Questions

1. Que faisait Lise dans le parc du Luxembourg ?

   _____

   _____

   _____

   _____

   _____

   _____

2. De quoi n'arrivait-elle pas à se souvenir ?

   _____

   _____

_____

_____

_____

_____

3. Comme son mari n'arrivait pas, de quoi Lise s'est-elle rendu compte ?

_____

_____

_____

_____

_____

4. Pourquoi ne prend-elle pas un taxi pour aller au Louvre ?

_____

_____

_____

_____

_____

5. Quelle sera la réaction de Marcel quand lui et Lise se retrouveront le soir ?

_____

_____

_____

_____

_____

_____

NOM _____ DATE _____ COURS _____

Compréhension, dictée et interprétation

L'Homme propre

Charles Cros*

En écoutant le monologue de Charles Cros, écrivez les mots qui manquent dans le texte reproduit dans votre cahier. Ensuite, répondez aux questions.

L'homme propre (chiquenaudant *[flicking with his finger]* les manches et les parements *[cuffs]* de son habit) : Je n'ai pas dîné parce que j'ai eu la bêtise d'accepter à dîner chez Oscar.

Oh ! je ne dîne jamais en ville, je souffre trop ; mais la marquise des Platesbandes et sa fille devaient dîner chez Oscar. L'autre jour j'avais conquis les bonnes grâces de la marquise en lui donnant la recette d'une eau antipelliculaire qui est de tradition dans ma famille.

Je dis donc à Oscar : Elle est charmante, mademoiselle des Platesbandes. Alors le voilà qui organise ce fameux dîner de ce soir. C'est un garçon intelligent, paraît-il, mais il n'est pas... il n'a pas l'habitude, le culte de la propreté. Moi, je n'ai pas une imagination extraordinaire ; mais au moins je suis propre !

Ce matin, _____. Je pense : Dîner chez Oscar. Enfin !

Je prends mon bain. Comme tous les jours j'ai mon heure de pédicure, mon heure de manucure, ma demi-heure de coiffure du matin. Et je déjeune. Quatre œufs à la coque ; j'aime ça parce _____. Je mange du pain fait à la mécanique... personne ne touche à la pâte : au sortir du four on me le met dans une serviette et on me l'apporte. Je bois de l'eau filtrée sur ma table, un petit filtre, excellent système... (Je vous donnerai l'adresse du fabricant.)

Après déjeuner, _____, je me débarbouille, je change de linge, je mets des bottines fraîches, je me relave les mains et je sors. Je vais chez Auguste me faire brosser la tête : vous savez ?... le shampooing. Je vais au shampooing tous les jours, de trois à quatre heures.

---

*Cros, Charles (1842–1888) Poète, savant, chimiste, physicien et mathématicien. Cros participa à la formation de cabarets littéraires, comme Le Chat noir, où il récitait lui-même les monologues qu'il écrivait.

Holt, Rinehart and Winston, Inc.

Ça creuse l'estomac, le shampooing, quand on n'a pris que des œufs à la coque. Je rentre donc ; je me lave les mains, _____… (La poussière, en route.) Je change de linge, de costume, je mets des bottines fraîches, je me relave les mains et je sors. Chez Auguste _____ un dernier coup de peigne et en route ! Chez Oscar ! puisque le dîner était pour six heures.

Bonsoir madame, bonsoir Oscar, bonsoir madame la marquise, bonsoir mademoiselle, bonsoir tout le monde. Je demande _____ (la poussière).

Dans le potage je trouve une petite carotte nouvelle (j'aime assez les carottes) épluchée à la main ! (la main de la cuisinière !)
Chez moi on épluche *(peel)* les légumes à la machine, en tournant comme ça… (Je vous donnerai le nom du fabricant.)

Je ne touche pas au potage. On fait passer le pain, _____, sur une assiette. Je ne dis rien. J'en prends un morceau ; je le fais tomber dans ma serviette, qui était propre, c'est vrai. (C'est la seule chose propre qu'il y avait à table. —Ah si, il y avait encore la nappe et les couteaux qui paraissaient propres.)

_____ en dessus de mon pain, une petite tranche en dessous, et je pèle la croûte *(crust)* tout autour. J'avais, comme ça, un petit noyau de mie *(kernel of crumb)* assez propre. (C'était du pain fait à la mécanique ; j'avais averti [*warned*].)

Oscar a eu l'air de remarquer mon petit travail et il a commencé à me faire un nez.
Eh ! bien, je n'ai mangé que ce bout de mie de pain. Tout ce qu'on a servi me faisait penser à la cuisinière qui avait ficelé l'aloyau *(truss the roast beef)*, troussé la dinde, écossé *(shuck)* les flageolets *(beans)*.

Ça me donnait mal au cœur, rien que de voir manger tout ça aux autres.

_____, parce qu'on le fabrique assez proprement. A Bordeaux, ils ne foulent *(tread on)* plus le vin comme ça … (Geste des pieds.) Ils font ça à la machine…

NOM _____ **DATE** _____ **COURS** _____

A chaque assiette qu'on emportait pleine de devant moi, Oscar devenait de plus

en plus sombre : il sentait _____.

Oh ! j'ai eu de la patience ! mais quand j'ai vu la marquise et sa fille (sa fille !)

manger des fraises des bois _____, des fraises cueillies dans les bois !

(Ce n'est pas propre, les bois) et cueillies avec les mains... (Ce n'est pas propre, les

mains)... Quand j'ai vu ça, _____, j'ai éclaté, j'ai dit

à Oscar : Non ! tu n'es pas propre, rien n'est propre chez toi, pas même les invités !

Oscar a pâli, _____ pendant que la mar-

quise faisait respirer un flacon *(vial of smelling salts)* à sa fille en lui disant :

Tu avais raison ! Ce monsieur est décidément très mal élevé.

J'ai haussé les épaules, j'ai quitté la salle, j'ai demandé de quoi me laver les mains,

mais Oscar me suivait ; _____ et a lancé

mon chapeau sur le palier *(landing)*. La porte s'est fermée et... (Un temps, plusieurs

grimaces.)

... Mais qu'est-ce que j'ai ? Ah ! c'est mon estomac... Je m'en vais ; il faut que je

rentre changer de bottines, _____...

Manger quoi à cette heure-ci ? Ah ! bah ! encore quatre œufs à la coque, au moins

_____. Oh ! vous savez, si je pars, ce n'est pas tant

la faim, que... (Il chiquenaude son habit *[he flicks the dust off his suit]*), enfin ce n'est

pas propre ici ! Bonsoir.

Questions

1. En quoi le personnage qui raconte cette histoire est-il ridicule ?

_____

_____

_____

_____

_____

2. Citez trois exemples de la manie de la propreté de ce personnage.

_____

_____

_____

_____

_____

3. De quelle manière la maniaquerie du personnage se retourne-t-elle contre lui ?

_____

_____

_____

_____

_____

_____

_____

_____

4. Pouvez-vous expliquer comment l'auteur joue avec le sens du mot *propre* dans les phrases suivantes ?

Non ! tu n'es pas propre, rien n'est propre chez toi, pas même les invités !
Il sentait que tout ça n'était pas propre.
Enfin ce n'est pas propre ici ! Bonsoir.

_____

_____

_____

_____

_____

_____

Réflexion

A. *Imaginez une autre scène de la vie de cet homme où se manifeste sa manie de la propreté et son insociabilité (par exemple, l'homme propre au bureau, l'homme propre au supermarché).*

B. *Pouvez-vous citer d'autres exemples de maniaquerie qui peuvent gâcher la vie de tout le monde ?*

C. *De son temps, Charles Cros récitait ses monologues dans les cabarets de Montmartre. Connaissez-vous des comiques modernes qui ont utilisé ce format ?*

D. *Choisissez un autre exemple de maniaquerie que vous développerez à la manière de Charles Cros (par exemple, les gens qui ne supportent pas le désordre).*

_____

_____

_____

_____

_____

_____

_____

_____

NOM _____ **DATE** _____ **COURS** _____

Travaux complémentaires
MISE AU POINT

I. *Mettez les verbes entre parenthèses aux temps qui conviennent.*

1. Quand j'arrive à mon cours d'économie, je (s'installer) _____ au fond de la classe et je lis mon courrier pour (ne pas trop s'ennuyer) _____. Malheureusement, l'autre jour, je (s'endormir) _____ juste au moment où le professeur a décidé de me poser une question qu'il jugeait très importante. Me voyant les paupières closes, il (se mettre) _____ à me lancer des remarques désobligeantes qui ont réussi à me secouer de ma torpeur. J'ai balbutié deux ou trois phrases d'un texte de Von Hayek, dont je (se souvenir) _____ _____ miraculeusement. Le professeur, impressionné mais non dupe, (se permettre) _____ de me rappeler que les salles de conférences n'étaient pas conçues pour ceux qui (s'obstiner à) _____ faire la sieste à toute heure de la journée.

2. A votre place, je réfléchirais avant d'entreprendre ces recherches sociologiques. Vous (ne pas se rendre compte) _____ des difficultés que vous risquez de rencontrer. Quand vous interviewez les sujets, ils (ne pas toujours s'ouvrir) _____ facilement, et ils (se tromper) _____ aussi quelquefois dans les renseignements qu'ils fournissent. Il faut que vous (se méfier) _____ même quand ils affirment qu'ils disent la vérité.

3. Quand le rédacteur-en-chef du journal a critiqué l'article du nouveau reporter, celui-ci (se mettre) _____ en colère. Je crois même que les deux hommes (se battre) _____, car le lendemain de l'accident, le

journaliste (ne pas se présenter) _____ à l'heure habituelle et le

rédacteur-en-chef avait un œil au beurre noir *(black eye)*.

4. Christine et Geoffroi (se voir) _____ depuis deux ans et ont décidé de

se marier avant de finir leurs études. Ils (se rendre compte) _____

que cela pourrait compliquer leur vie et affecter leur carrière académique. De plus

leurs parents (s'y opposer) _____ complètement et ont même

menacé de ne plus payer leurs frais d'inscription et leur logement. Les jeunes

amoureux semblent indomptables. « Nous (se trouver) _____ bien

un emploi quelconque, ce qui nous permettra de louer un appartement modeste. »

Ils ont même dit à leurs parents : « Si vous (ne pas vouloir s'occuper) _____

_____ de nous, il faudra que vous appreniez à (se passer)

_____ de notre compagnie. Nous (s'aimer) _____,

nous (s'entendre) _____, nous (ne jamais se disputer)

_____ nous voulons passer le reste de notre vie ensemble,

avec ou sans votre bénédiction. » Les parents (s'inquiéter) _____

beaucoup, mais que peuvent-ils faire dans une situation pareille ?

5. Si vous (se sentir) _____ malade, que feriez-vous ? (Se coucher)

_____-vous ou iriez-vous chez le médecin ? —Ça dépend. Je crois

que je téléphonerais d'abord à ma pharmacienne pour voir si elle pouvait me

recommander un médicament qui peut (s'obtenir) _____ sans

ordonnance. En cas d'urgence, naturellement, je (se faire transporter) _____

_____ à l'hôpital.

6. Chaque fois qu'on l'invitait à dîner, Nicolas (se plaindre) _____

   de tout ce que l'on servait, buvait trop et (se mettre) _____

   à raconter des histoires grivoises *(licentious stories)*. Certains des invités (se tordre)

   _____ de rire, mais d'autres trouvaient cela très embarrassant et

   (se lever) _____ de table d'un air offensé. La soirée (se terminer)

   _____ le plus souvent en désastre.

7. Nicole et moi, nous (ne plus se voir) _____ depuis qu'elle est

   partie pour l'île Maurice, mais nous (s'envoyer) _____ des cartes

   de nouvel an.

8. Si tu étais venu à la discothèque, tu (s'amuser) _____. Il y a eu un

   concours pour les meilleurs danseurs. Si nous (se présenter) _____,

   nous aurions peut-être gagné un prix.

9. Ils (se réjouir) _____ à l'idée d'être en vacances. Ils ne parlent que

   de cela du matin jusqu'au soir.

10. Un jour, Philippe a laissé la porte de la cage ouverte et ses deux perruches *(parakeets)*

    (s'envoler) _____, mais elles sont revenues d'elles-mêmes au bout

    d'une demi-heure.

11. S'il n'y a plus de place dans la salle, les spectateurs (s'asseoir) _____

    par terre ou dans une salle supplémentaire qu'on a prévue.

12. Si nous allions en Alaska, nous (s'habituer) _____ difficilement au

    climat.

13. Si mon patron y consent, je (s'absenter) _____ deux ou trois jours

    pour assister à cette convention de parapsychologues. Nous (ne pas se réunir)

_____ depuis deux ans. Nous aurons certainement beaucoup

d'anecdotes à (se raconter) _____.

14. Karen (se marier) _____ très jeune avec un docteur ambitieux qui

rêvait d'être chef de clinique et (s'occuper) _____ plus de sa

carrière que de sa famille. Au bout de deux ans, ils ont divorcé. J'espère qu'elle (se

méfier) _____ davantage la prochaine fois qu'elle tombera

amoureuse.

II. *Mettez les phrases suivantes à la forme interrogative a) par inversion et b) avec **est-ce que**.*

1. Tu te réveilles à trois heures du matin.

   a. _____

   b. _____

2. Éric s'est disputé avec Catherine.

   a. _____

   b. _____

3. Vous vous voyiez souvent l'année dernière.

   a. _____

   b. _____

4. Ils se réuniront dans la cafétéria.

   a. _____

   b. _____

5. Votre frère s'intéresse à la politique.

   a. _____

   b. _____

III. *Accordez les participes passés quand il le faut.*

1. Hélène a dit : « Je me suis brûlé____ ce matin. » Je ne me suis pas rendu____ compte que la casserole était resté____ sur le feu et j'ai soulevé le couvercle sans prendre de précautions. Je me suis tout de suite mis____ une compresse de glaçons.

2. Si on avait retrouvé____ les lettres que les deux espions s'étaient écrit___, on y aurait trouvé de quoi les condamner à vingt ans de prison.

3. Nous ne nous sommes pas vu____ ni (parlé)____ depuis deux ans.

4. En rentrant, Éliane s'est fait____ une tasse de thé, puis elle s'est assis___ à son bureau et s'est mis____ à lire des lettres.

5. Se sont-ils aperçu___ que leurs remarques caustiques embarrassaient tout le monde ? —Non, ils se sont moqué_____ de tous les invités comme si c'était la chose la plus naturelle du monde.

6. Ils se sont regardé____ longtemps sans parler, puis ils se sont souri____, mais ils ne se sont pas parlé____.

7. Nathalie s'est promis____ de moins travailler.

8. Justine est tombé____ et s'est cassé____ la jambe.

9. Philippe s'est déguisé____ en clown. Carla s'est déguisé____ en Amazone.

10. Après être sortis du collège, mon meilleur ami et moi nous nous sommes perdu____ du vue. Nous ne nous sommes jamais écrit____. Et puis vingt ans plus tard, nous nous sommes rencontré____ par hasard dans un café de la rive gauche.

11. Les étudiants américains se sont vite habitué____ au régime de ce pays.

IV. *Dans le passage suivant, mettez les verbes entre parenthèses aux temps du passé qui conviennent. L'histoire est librement adaptée d'un conte de Michel Corday intitulé* La force de l'amour.

Paule et Maurice qui étaient mariés depuis seulement trois semaines (se connaître)

_____ depuis leur adolescence. Elle avait vingt ans, lui vingt-cinq et ils

(s'adorer)_____. Le jeune couple faisait un petit voyage et (se diriger)

_____ en voiture vers le midi de la France. Les jeunes gens (s'arrêter)

_____ quand un beau site les attirait.

    Un soir, après avoir dîné dans une auberge au bord d'une belle forêt, Paule (se sentir)

_____ mal. Maurice, plein de sollicitude, aidait sa femme à regagner

leur chambre quand lui aussi a été pris d'un malaise soudain. Tout à coup, ils (se

souvenir) _____ que le patron de l'auberge leur avait servi des

champignons cueillis dans la forêt. Il n'y avait pas de doute. Les jeunes gens étaient tous

les deux empoisonnés. L'aubergiste, affolé, (se frapper) _____ la tête et

(se demander) _____ comment il pouvait aider Maurice et Paule. Que

faire ? Que leur donner en attendant l'arrivée du médecin qui seul avait les médicaments

nécessaires pour sauver les deux malades ?

    L'aubergiste (se souvenir enfin) _____ que le lait était recommandé

dans de tels cas et il (se dépêcher) _____ d'aller en chercher. Mais, dans

une campagne déserte tard le soir, le lait (se trouver) _____

difficilement. Enfin, on a réussi à en trouver un litre, juste assez pour sauver une personne

d'une mort certaine. Maurice a saisi le lait et (s'approcher) _____ de sa

femme pour la supplier *(beg)* de boire. Paule a refusé en disant qu'elle pouvait attendre

aussi bien que lui. Maurice (se mettre) _____ à genoux :

—Paulette, ma Paulette… tu sais bien que je ne peux pas accepter un tel sacrifice…

Holt, Rinehart and Winston, Inc.

—Tu me demandes bien d'accepter le tien !

—Oui, tu as raison,… je n'y songeais pas. Je ne pensais pas à l'existence qui attend le survivant. C'est impossible pour l'un comme pour l'autre.

—Oui, mieux vaut partir ensemble. Viens près de moi… Ne me quitte pas. Donne-moi la main. Qu'est-ce que ça nous fait de mourir, puisque nous mourrons ensemble… Et tous les deux ils (s'allonger) _____ sur le lit, laissant la bouteille de lait intacte sur la table.

Quand le médecin est arrivé quelques heures plus tard, il (se précipiter) _____ _____ dans la chambre. Après (se pencher) _____ sur les jeunes gens, il a crié : « Il est encore temps. Je les sauverai tous les deux. »

Quand le médecin a vu le lait sur la table, il a été profondément touché par cette preuve si visible de la grandeur et de la beauté de l'amour.

V. *Remplacez les tirets par la préposition qui convient.*

1. Christophe s'attend _____ être élu président de son parti.

2. Si vous vous décidez _____ changer d'appartement, faites-le-moi savoir.

3. Je lui en veux _____ ne pas s'être excusé de son retard.

4. « C'est facile de s'arrêter _____ fumer » a dit Mark Twain, « La preuve c'est que je l'ai fait des milliers de fois. »

5. Édouard s'amusait _____ jeter des pierres dans le lac.

6. Cendrillon s'efforçait en vain _____ plaire à sa vilaine marâtre *(wicked stepmother)*.

7. Ils ne se sont jamais habitués _____ vivre loin de la capitale.

8. Dépêchons-nous _____ finir cet exercice. La cloche va sonner.

VI. Constructions. *Refaites les phrases suivantes à la voix passive.*

1. Le chat a blessé l'oiseau.

   _____

2. On étudiera à fond les causes de cette guerre.

   _____

3. Si Galilée avait vécu au vingtième siècle, l'Église l'aurait-elle persécuté ?

   _____

4. Si je ne cachais pas le gâteau, les enfants le mangeraient en deux secondes.

   _____

5. Cinq ministres accompagneront le président durant son prochain voyage en Orient.

   _____

6. Il est possible que l'ouragan *(hurricane)* ait détruit toute la ville.

   _____

7. Quand on aura utilisé toutes les ressources naturelles de la terre, que fera-t-on ?

   _____

8. Des robots qu'on ne pouvait pas distinguer des hommes gouvernaient la ville.

   _____

VII. Constructions. *Traduisez les phrases en français en évitant le passif.*

1. Three gold necklaces were stolen.

   _____

2. This dish is not served in elegant restaurants.

   _____

3. Three languages are spoken in Belgium. (two ways)

   _____

4. The body of the victim was found in the trunk of the car.

   _____

5. In which countries is food eaten with one's hands?

   _____

6. Soon, this kind of music will no longer be heard.

   _____

7. The painting is so old that it cannot easily be restored.

   _____

PROJETS DE COMMUNICATION

A. *(Devoir écrit)* Connaissez-vous des histoires où les gens se sont sacrifiés soit par amour, soit par patriotisme, soit par ferveur religieuse ? Utilisez des verbes pronominaux. (Voir *La Grammaire à l'œuvre*, pages 168–176.)

B. *(Discussion de classe)* Le divorce est-il un drame ? Discutez ce sujet en tenant compte de la perspective des enfants.

C. *(Sketch)* Jouez une petite scène sur le thème : Une rencontre imprévue.

D. *(Dialogue)* Imaginez et présentez une conversation entre deux personnes qui se rencontrent par hasard (dans un avion, dans un café, sur une plage, etc.) et qui croient, sans en être trop sûres, s'être déjà rencontrées quelque part. Utilisez les verbes pronominaux suivants.

se rencontrer
se parler
se reconnaître
se ressembler
s'amuser
s'entendre
se plaire
se souvenir
se rendre compte

E. *(Discussion et devoir écrit)* Voici un poème de Jacques Prévert* intitulé « Le Message », tiré de son recueil *Paroles*.

Le Message

La porte que quelqu'un a ouverte
La porte que quelqu'un a refermée
La chaise où quelqu'un s'est assis
Le chat que quelqu'un a caressé
Le fruit que quelqu'un a mordu
La lettre que quelqu'un a lue
La chaise que quelqu'un a renversée
La porte que quelqu'un a ouverte
La route où quelqu'un court encore
Le bois que quelqu'un traverse
La rivière où quelqu'un se jette
L'hôpital où quelqu'un est mort.

(Discussion de classe) Dégagez les multiples histoires possibles racontées par ces phrases incomplètes.

(Devoir écrit) Choisissez un vers du poème pour en faire le titre d'une histoire. En classe, on comparera les histoires pour voir qui a fait le plus preuve d'imagination.

---

*Prévert, Jacques (1900–1977)   Poète français; *Paroles*, 1948.

Holt, Rinehart and Winston, Inc.

Chapitre

8

La Négation

Programme de laboratoire

MISE EN PRATIQUE

Exercice 1

M. Colin a eu un petit accident au rond-point des Champs-Élysées. Il est interrogé par un agent, qui cherche à savoir ce qui s'est passé. Vous jouerez le rôle de M. Colin et utiliserez la négation dans vos réponses.

Exemple :   Vous entendez l'agent dire: Alors, que s'est-il passé exactement ?
        Votre cahier indique : Je m'excuse, avec le choc, je (ne pas encore / retrouver) mes esprits.
        Vous dites : Je m'excuse, avec le choc, je n'ai pas encore retrouvé mes esprits.

1. **L'agent :** ... ?
    Vous :   Je (n'avoir) aucune idée. Mais je (ne pas circuler vite).

2. **L'agent :** ...
    Vous :   Mais, je (ne rien boire). Je (ne pas aimer) les boissons alcoolisées.

3. **L'agent :** ...
    Vous :   Je (ne pas avoir) le temps d'éviter le camion qui venait d'en face. Je (ne pas le voir).

Holt, Rinehart and Winston, Inc.

4.   **L'agent :**   … ?
     Vous :   Oui, je (ne jamais voir) une chose pareille !

5.   **L'agent :**   …
     Vous :   Je pensais qu'il (ne rien y avoir à craindre) en voiture. Je (ne jamais avoir peur) au volant avant aujourd'hui.

6.   **L'agent :**   … ?
     Vous :   Je (ne pas encore recevoir) ma nouvelle carte d'assurance.

Exercice 2

Hughes a mis une petite annonce dans un journal pour trouver un colocataire de son petit apparte-ment. Daniel a répondu à la petite annonce. Hughes pose des questions à Daniel sur ses habitudes. Daniel y répond négativement. Vous jouerez le rôle de Daniel et utiliserez les indications données dans votre cahier pour formuler les réponses.

Exemple :   Vous entendez Hughes demander: Comptez-vous préparer vos repas ?
              Votre cahier indique : Non, je (ne pas faire) la cuisine.
              Vous dites : Non, je ne fais pas la cuisine.

1.   **Hughes :**   … ?
     Daniel :   Non, je (ne presque jamais sortir) tard le soir.

2.   **Hughes :**   …
     Daniel :   Je (ne jamais faire) de bruit excepté quand je joue du trombone.

3.   **Hughes :**   …
     Daniel :   Justement, je (ne que jouer) la nuit. Je (ne jamais être) inspiré avant trois heures du matin.

4.   **Hughes :**   …
     Daniel :   Je (ne pas penser) que cela pose un problème. Mon berger des Pyrénées est très calme et docile.

5.   **Hughes :**   … ?
     Daniel :   Je (ne pas fumer) la cigarette, mais je fume le cigare.

6.   **Hughes :**   … !
     Daniel :   Je (ne pas comprendre). Je (ne pas voir) où est le problème.

Exercice 3

Ecoutez. Ensuite, répondez aux questions au négatif. Paul et son frère aîné Julien font leurs études. Paul est au lycée et passera son bac dans deux mois. Julien est à la Sorbonne et prépare un doctorat d'État. Leur sœur Nicole est journaliste et travaille pour France-Soir.

Holt, Rinehart and Winston, Inc.

1. ... ?
   Vous : Non, il (ne pas encore) ...

2. ... ?
   Vous : Non, il (ne plus) ...

3. ... ?
   Vous : Non, elle (ne pas encore) ...

4. ... ?
   Vous : Non, elle (ne plus) ...

5. ... ?
   Vous : Non, il (ne pas) ...

Exercice 4

Écoutez d'abord le texte suivant.

Trois Américains...

Maintenant, refaites les phrases que vous entendrez en utilisant la négation indiquée.

Exemple : Vous entendez : Thomas veut visiter le Quartier Latin et Montmartre.
Votre cahier indique : Non, Thomas (ne... / ni... / ni... / vouloir visiter)...
Vous dites : Non, Thomas ne veut visiter ni le Quartier Latin ni Montmartre.

1. ...
   Vous : Non, ils (ne pas / vouloir) ...

2. ...
   Vous : Non, ils (ne jamais / être) d'accord.

3. ...
   Vous : Non, il (ne jamais / venir) à Paris.

4. ...
   Vous : Non, John (ne vouloir aller ni ... ni ...) ...

CONVERSATIONS DIRIGÉES

Conversation I

Écoutez d'abord la conversation entre Daniel et Pauline. Ensuite, intervenez en disant le contraire de ce que dit Pauline. Utilisez les indications données dans votre cahier.

Holt, Rinehart and Winston, Inc.

Exemple : Vous entendez Daniel dire : A quelle heure te couches-tu ?
Vous entendez Pauline répondre : Je me couche toujours à dix heures.
Votre cahier indique : Oh moi, je... (se coucher) avant une heure du matin.
Vous dites : Oh moi, je ne me couche jamais avant une heure du matin.

1. **Daniel :** ... ?
   Pauline : ...
   Vous : Moi non, je ... (ne pas aimer) la musique classique. Je préfère les concerts de musique punk.

2. **Daniel :** ... ?
   Pauline : ...
   Vous : Moi non, je ... (ne pas faire du ski) à Vail.

3. **Daniel :** ... ?
   Pauline : ...
   Vous : Moi non, je... (ne prendre / ni... sucre / ni... lait) dans mon thé.

4. **Daniel :** ... ?
   Pauline : ...
   Vous : Moi, non, je... (n'aimer / ni... valse / ni... polka).

5. **Daniel :** ... ?
   Pauline : ...
   Vous : (personne ne venir me voir) hier soir.

6. **Daniel :** ... ?
   Pauline : ...
   Vous : Moi, non, je ... (ne rien écrire) pour le quotidien du campus.

7. **Daniel :** ... ?
   Pauline : ...
   Vous : Moi non, je ... (vouloir devenir) cosmonaute.

8. **Daniel :** ... ?
   Pauline : ...
   Vous : Non, ... (ne rien arriver) à ma voiture.

9. **Daniel :** ... ?
   Pauline : ...
   Vous : Non, je ... (ne lire / ni... / ni...) dans mon cours de philosophie.

10. **Daniel :** ... ?
    Pauline : ...
    Vous : Non, je ... (ne mentionner à personne).

11.   **Daniel :**   ... ?
    Pauline :   ...
       Vous :   Moi non, je ... (ne pas écrire) tous les week-ends.

Conversation II

Imaginez que vous êtes à table avec des amis qui racontent leurs activités. Vous êtes la seule personne qui ait une vie terne où il ne se passe jamais rien. Pour chacune des affirmations que vous entendrez, faites une phrase négative selon les indications données dans votre cahier.

Exemple :   Vous entendez Fabienne dire : J'ai entendu un bruit dehors, alors j'ai regardé par la fenêtre et j'ai vu quelque chose de bizarre.
          Votre cahier indique : Tiens, c'est curieux. J'ai aussi regardé par la fenêtre et je... (ne rien voir) de bizarre.
          Vous dites : Tiens, c'est curieux. J'ai aussi regardé par la fenêtre et je n'ai rien vu de bizarre.
          Vous entendez Bertrand dire : En sortant de la bibliothèque, j'ai vu quelqu'un de suspect.
          Votre cahier indique : En sortant de la bibliothèque, je (ne voir personne).
          Vous dites : En sortant de la bibliothèque, je n'ai vu personne de suspect.

1.   **Fabienne :**   ...
    Vous :   Je (ne rien faire).

2.   **Bertrand :**   ...
    Vous :   Je suis allé(e) au café et je (ne parler à personne).

3.   **Fabienne :**   ...
    Vous :   J'ai relu le chapitre sur le ADN *(DNA)* et je (ne rien comprendre).

4.   **Bertrand :**   ...
    Vous :   La conférence du professeur (ne pas du tout / être) claire.

5.   **Fabienne :**   ...
    Vous :   Je (n'aimer ni... ni) ...

6.   **Bertrand :**   ...
    Vous :   Je (ne prendre ni... ni) ...

7.   **Fabienne :**   ...
    Vous :   Mes parents (ne plus m'envoyer) ...

8.   **Bertrand :**   ...
    Vous :   Mes parents (ne jamais téléphoner) ...

9. **Fabienne :** ...
   Vous : Je (ne pas encore choisir) ...

10. **Bertrand :** ...
    Vous : La compagnie Megatruc (ne rien m'offrir)...

11. **Fabienne :** ...
    Vous : (aucun... ne / m'écrire)...

12. **Bertrand :** ...
    Vous : Mes amis ... (ne jamais avoir)...

13. **Fabienne :** ...
    Vous : Je ... (n'avoir pas du tout envie)...

14. **Bertrand :** ...
    Vous : (aucune université / ne m'offrir)...

15. **Fabienne :** ...
    Vous : Je ... (n'aller nulle part)...

16. **Bertrand :** ...
    Vous : Je ... (n'aller rencontrer personne)...

17. **Fabienne :** ...
    Vous : ... (personne ne me parler)...

18. **Bertrand :** ...
    Vous : Moi, je ... (ne pas du tout comprendre) pourquoi les étudiants ont fait une émeute.

Conversation III

Imaginez qu'un ami, Maurice, vous pose les questions suivantes. Répondez négativement aux questions en utilisant les indications de votre cahier.

Exemple :   Vous entendez Maurice dire : Bois-tu quelquefois du saké le matin ?
Votre cahier indique : Non, je... (ne... jamais / boire / saké).
Vous dites : Non, je ne bois jamais de saké le matin.

1. **Maurice :** ... ?
   Vous : (ne personne / inviter / cinéma) récemment.

2. **Maurice :** ... ?
   Vous : (ne rien / arriver / professeur).

3. **Maurice :** ... ?
   Vous : Non, je (ne jamais / lire / roman) en norvégien.

4. **Maurice :** ... ?
    Vous : Non, il ... (ne plus / parler de / ses soucis financiers).

5. **Maurice :** ... ?
    Vous : Non, je ... (ne pas encore / voir / film) de la Nouvelle Vague.

6. **Maurice :** ... ?
    Vous : Non, je ... (ne personne / raconter / histoire) ...

7. **Maurice :** ... ?
    Vous : Non, ... (aucun... ne / connaître / blague).

8. **Maurice :** ... ?
    Vous : Non, je ... (ne pas prendre /vitamines / tous les jours.)

Conversation IV

Imaginez qu'une amie, Marianne, vous pose les questions suivantes. Répondez négativement.

Exemple : Vous entendez Marianne dire : Lis-tu quelquefois des romans de science-fiction ?
Votre cahier indique : Moi non, je... (lire)...
Vous dites : Moi non, je ne lis jamais de romans de science-fiction.

1. **Marianne :** ... ?
    Vous : Moi non, je ... (apprendre) ...

2. **Marianne :** ... ?
    Vous : Moi non, ... (vouloir sortir) ...

3. **Marianne :** ...?
    Vous : Moi non, les amis de mes parents ... (m'inviter à)...

4. **Marianne :** ... ?
    Vous : Moi non, je ... (savoir) ...

5. **Marianne :** ... ?
    Vous : Moi non, après mes études, je (aller) ...

6. **Marianne :** ... ?
    Vous : Moi non, je ... (devenir / sénateur / gouverneur) ...

7. **Marianne :** ... ?
    Vous : Moi non, je ... (faire) ...

8. **Marianne :** ...
    Vous : Moi non, ... (parler de) ...

Holt, Rinehart and Winston, Inc.

TEXTES DE COMPRÉHENSION

Compréhension globale

Écoutez le texte. Ensuite, répondez aux questions.

Nicolas

VOCABULAIRE

boulier (m)   *abacus*
serviette (f)   *briefcase*

• • •

C'était la rentrée… le premier jour des classes…
Le professeur a commencé la leçon de mathématiques…
La cloche a sonné pour la récréation…

• • •

Questions

1. Qu'est-ce que Nicolas a fait avec le boulier qu'il a sorti de sa serviette ?

   _____

   _____

   _____

   _____

2. Pourquoi Nicolas n'employait-il ni crayon ni papier comme ses camarades ?

   _____

   _____

   _____

3. Est-ce que quelqu'un a remarqué le magnétophone que Nicolas avait sur les genoux ?

   _____

   _____

   _____

4. A votre avis, pourquoi Nicolas n'est-il pas sorti à la récréation ?

_____

_____

_____

5. Vous êtes-vous déjà occupée/occupé de personnes handicapées ou blessées ? Racontez brièvement.

_____

_____

_____

_____

_____

_____

_____

_____

_____

_____

_____

_____

_____

Compréhension, dictée et interprétation

Vous écouterez maintenant un poème de Louis Aragon, extrait de son recueil Les poètes. *Aragon fut un des fondateurs du mouvement surréaliste. En écoutant le poème, écrivez les mots qui manquent dans le texte reproduit dans votre cahier. Ensuite, répondez aux questions.*

Holt, Rinehart and Winston, Inc.

Les Poètes : « **Poème sans titre** »

Louis Aragon (1897–1982)

Je peux me consumer de tout l'enfer du monde
Jamais je ne perdrai cet émerveillement

Du langage
Jamais je ne me réveillerai d'entre les mots
Je me souviens du temps _____
Et le visage de la peur était la chaisière aux Champs-Élysées

Il n'y avait à la maison _____
En ce temps-là je prêtais l'oreille aux choses usuelles
Pour saisir leurs conversations
J'avais des rendez-vous avec des étoffes déchirées
J'entretenais des relations avec des objets hors d'usage

_____ à un caillou comme à un moulin à café
J'inventais des langues étrangères afin

De _____
Je cachais derrière l'armoire une correspondance indéchiffrable
Tout cela se perdit comme un secret le jour

Où _____

Qui me rendra le sens du mystère oh qui
Me rendra l'enfance du chant
Quand la première phrase venue

Est neuve _____
Je me souviens de la première automobile à la Porte Maillot
Il fallait courir pour la voir
C'était un peu comme cela pour tout
J'aimais certains noms d'arbres comme des enfants
Que les Bohémiens m'auraient volés

J'aimais un flacon _____
J'aimais le sel répandu sur le vin renversé*

J'aimais _____ à la folie

J'aurais donné mon âme pour _____
_____

---

* Quand on renverse du vin sur une nappe, on y verse immédiatement du sel pour absorber le vin et empêcher une tache de se former.

Holt, Rinehart and Winston, Inc.

Je répétais sans fin des phrases entendues

_____ le même sens ni le même poids
Il y avait des jours entiers voués à des paroles apparemment
Insignifiantes
Mais sans elles la sentinelle m'eût passé son arme à travers le corps

Ô _____ contre ceux du miroir
Et payé le droit d'enjamber *(step over)* son ombre avec des grimaces
Celui-là ne peut me comprendre ni
Qu'on peut garder dans sa bouche une couleur

_____

Sauter à pieds joints par dessus quatre heures de l'après midi
Nous n'avons pas le même argot

_____

Jusqu'à aujourd'hui je peux le sentir quand je m'assieds sur les bancs
Jusqu'à aujourd'hui je peux appeler une bicyclette ma biche
Pour faire enrager les passants
Je n'ai pas oublié le jeu de Rêve-qui-peut

Que _____ n'a joué

Je n'ai pas oublié l'art de parler _____

On a bien pu m'apprendre à lire _____
Que je lise ce que je lis
J'ai bien pu vivre comme tout le monde et même
Avoir plusieurs fois failli mourir

Il n'est pas certain _____
Une sorte de grève de la faim

Il y a celui qui se profile
Il y a l'homme machinal
Celui qu'on croise et qui salue

Celui _____
Qui revient un pain sous le bras
Il y a celui qui essuie
Ses pieds à la porte en rentrant
Il y a celui que je suis

Bien sûr _____

Questions

1. Quels exemples le poète donne-t-il de la naissance de sa fascination pour les mots et de son amour pour la langue ?

   _____

   _____

   _____

   _____

   _____

2. L'enfance offre certains plaisirs dont on se détache en grandissant. Quels exemples Aragon donne-t-il de ces « jeux d'enfance » ?

   _____

   _____

   _____

   _____

   _____

3. Comment expliquez-vous la phrase « ni comprendre qu'on peut garder une couleur dans sa bouche » ? Quels autres exemples de synesthésie* pourriez-vous citer ?

   _____

   _____

   _____

   _____

   _____

   _____

*Association spontanée entre les sens permettant, par exemple, d'interpréter un stimulus visuel par la sensation de goût (en regardant une certaine fleur, on peut avoir le goût d'une banane; en sentant un parfum, on peut voir une couleur).

NOM _____ **DATE** _____ **COURS** _____

4. Comment interprétez-vous les vers suivants ?

> On a bien pu m'apprendre à lire il n'est pas certain
> Que je lise ce que je lis

_____

_____

_____

_____

_____

_____

_____

5. A la fin du poème, Aragon évoque des personnages qu'il a vus ou rencontrés. Si vous faisiez une liste semblable, quels changements seraient dictés par votre expérience de la vie ?

Version d'Aragon	**Votre version**
Il y a celui qui se profile	Il y a celui _____
Il y a l'homme machinal	Il y a _____
Celui qu'on croise et qui salue	Celui _____
Celui qui ouvre un parapluie	Celui _____
Qui revient un pain sous le bras	Qui _____
Il y a celui qui essuie	Il y a celui _____
Ses pieds à la porte en rentrant	Ses pieds _____
Il y a celui que je suis	Il y a celui _____
Bien sûr et que je ne suis pas	Bien sûr et que _____

Réflexion

A. *Le charme que peuvent avoir certains mots est affaire de goût personnel, mais ces mots indiquent souvent quelque chose sur les rapports entre les hommes et la langue qu'ils parlent. Récrivez une partie du poème d'Aragon en y substituant vos propres associations.*

B.   *Comment le poète essaie-t-il de se définir dans ce poème ?*

C.   *Aragon semble proposer que l'existence même se perçoit à travers la langue. Si vous êtes d'accord, donnez quelques exemples tirés de votre propre expérience. Sinon, expliquez quels procédés (stratégies, tactiques) vous aident à réaliser votre propre identité.*

NOM _____ **DATE** _____ **COURS** _____

Travaux complémentaires

MISE AU POINT

I. *Ajoutez la négation donnée entre parenthèses à la phrase.*

1. Elles étudient l'algèbre. (ne... plus)

   _____

2. Agnès a visité les catacombes de Rome. (ne... pas encore)

   _____

3. Je prévois des difficultés. (ne... aucune)

   _____

4. Nous avons revu le voyageur au chapeau vert. (ne... jamais)

   _____

5. Vous avez compris la plaisanterie. (ne... pas du tout)

   _____

6. Voulait-il devenir pilote ? (ne... pas)

   _____

7. Elle a vu le Mont Blanc. (ne... jamais)

   _____

8. Nous sommes de bonne humeur. (ne... pas toujours)

   _____

II. *Mettez les phrases à la forme négative qui correspond au mot en italique.*

1. Nous avons emmené *quelqu'un* au cirque.

   _____

2. Vous trouverez *quelqu'un* à la maison.

   _____

3. Il en a trouvé *quelques-uns* dans la boîte.

   _____

4. *Quelqu'un* m'a prévenu de son mauvais caractère.

   _____

5. *Quelqu'un* de consciencieux aurait fait cela.

   _____

6. *Quelques-uns* des chevaux ont pris peur.

   _____

7. *Quelques* invités ont trop bu.

   _____

8. Valéry a parlé à *quelqu'un* de l'accident.

   _____

III. *Répondez aux questions avec **ne… ni… ni**.*

1. As-tu vu Dominique et Élizabeth au café ce matin ?

   _____

2. Ont-ils préparé de la bouillabaisse et du cassoulet ?

   _____

3. Aimez-vous les films français et les films italiens ?

   _____

4. Ont-ils apporté des crayons et du papier ?

   _____

5. Avez-vous acheté la chemise et la cravate que le vendeur vous a montrées ?

_____

6. Le petit Pierre avait-il peur des tigres et des lions ?

_____

7. Vos amis boivent-ils et fument-ils ?

_____

8. Voulez-vous aller en Chine et au Japon ?

_____

IV. *Refaites les phrases suivantes avec* **ne... que.**

1. Ils achètent seulement du vin bon marché.

_____

2. Elle a compris seulement la première partie de ce passage de Proust.

_____

3. M. Dutour sortait seulement le dimanche.

_____

4. Nous avons vu seulement trois vaches sur la route. Les autres broutaient de l'herbe dans la prairie.

_____

5. Vous recevrez votre passeport seulement dans trois semaines.

_____

V. *Refaites les phrases suivantes avec* **ne... guère.**

1. Elle n'a presque pas mangé.

_____

2. Votre projet est à peine réalisable.

   _____

3. Nous n'avions pas très envie de dîner si tôt.

   _____

4. La musique est si faible que je l'entends à peine.

   _____

V. La négation multiple. *(Voir **Constructions** pages 201–203 de* La Grammaire à l'œuvre.*)*
Récrivez les phrases suivantes en ajoutant la négation donnée entre parenthèses.

1. Personne n'a compris le sens de ce message. (ne... encore)

   _____

2. Je n'ai prévenu personne de mon absence. (ne... encore)

   _____

3. Nous n'irons ni en Irlande ni au Danemark. (ne... jamais)

   _____

4. Ni Elsa ni Pierre n'ont vu un opéra. (ne... jamais)

   _____

5. Nous ne faisons rien le dimanche. (ne... jamais)

   _____

6. Ils n'ont pas encore commandé de plat à la carte. (ne... aucun)

   _____

7. On n'a vu cet insecte nulle part en Amérique. (ne... encore)

   _____

8. Si on continue à chasser certains animaux, il n'y en aura plus dans le monde entier.
   (ne... aucun)

   _____

VI. Travail avancé. *Faites des phrases de dix mots minimum avec les expressions suivantes. (Voir* **Constructions,** *pages 201–203 de* La Grammaire à l'œuvre.)

1. personne… ne… plus jamais

   _____

2. aucun… ne… encore rien

   _____

3. personne… ne… ni… ni

   _____

4. jamais personne… ne

   _____

5. rien… ne… encore

   _____

VII. *Remplissez les tirets avec la négation suggérée par le contexte.*

Cette femme adoptée à l'âge de cinq ans, après avoir passé les premières années de sa vie dans un orphelinat qui l'avait recueillie quand ses parents l'avaient abandonnée, a cherché ses parents biologiques toute sa vie. Elle s'est adressée à des centaines d'agences mais _____ n'a pu l'aider. Elle lisait les journaux tous les jours mais ne voyait _____ d'annonce qui puisse correspondre à la description que ses parents adoptifs lui avaient fournie.

Elle passait des centaines de coups de téléphone, mais _____ de positif n'en ressortait.

—J'avais les cheveux blonds quand je suis née, disait-elle.

—Non, répondait-on, notre fille n'avait _____ les cheveux blonds.

Holt, Rinehart and Winston, Inc.

—Mes parents m'ont laissé un bracelet en or et un médaillon contenant une photo de moi.

—Non, nous sommes désolés. Nous n'avons donné _____ bracelet _____ médaillon à notre enfant.

_____ ne semblait reconnaître les pièces d'identification qu'elle avait, _____ ne pouvait confirmer certains détails de sa vie qui lui étaient restés gravés dans la mémoire. _____ la ville d'origine, _____ le nom de l'hôpital ne correspondait à ceux qu'elle mentionnait. _____ les jouets dont elle se souvenait _____ les choses qu'elle aimait manger ne semblaient correspondre non plus.

—Je ne reverrai _____ mes parents, se disait-elle après chacune de ses tentatives.

Un jour, ayant abandonné tout espoir, pensant ne _____ retrouver la trace de ses vrais parents, elle s'est abonnée à America Online, un service d'informations télématiques. Elle a remarqué un service pour enfants abandonnés qui utilisait le réseau électronique pour aider les familles à se remettre en contact. Quelques messages ont été postés et, par miracle, une dame a répondu. Tous les détails correspondaient. La jeune femme avait enfin réussi à retrouver la personne qui l'avait mise au monde.

Mère et fille se sont enfin embrassées après vingt ans de séparation.

—Enfin je ne serai _____ hantée par cette question qui me tourmente depuis tant d'années.

(d'après une nouvelle diffusée à la télévision le 3 janvier 1995)

Holt, Rinehart and Winston, Inc.

NOM _____ **DATE** _____ **COURS** _____

VIII. *Ajoutez* ***à*** *ou* ***de*** *si nécessaire. (Voir* **Étude de verbes,** *pages 203–205 de* La Grammaire à l'œuvre.*)*

1. Elle m'a persuadé _____ mettre des sandales.

2. Désirez-vous _____ déjeuner à la terrasse ou dans la salle à manger ?

3. Tu n'es pas obligé _____ accepter son invitation.

4. Ils ont menacé _____ placer une bombe dans l'avion.

5. Le mauvais temps nous a empêchés _____ faire l'ascension de la montagne.

6. Souhaitez-vous _____ devenir docteur comme votre père ?

7. Est-ce que tu comptes _____ accepter le premier poste qu'on t'offrira ?

8. Je déteste _____ faire la cuisine. Je préfère _____ mettre un dîner surgelé dans le four à micro-ondes.

PROJETS DE COMMUNICATION

A. *(Devoir écrit)* Choisissez un des sujets suivants et employez une grande variété de phrases négatives.

1. Une soirée malheureusement inoubliable que vous avez passée avec quelqu'un que vous voudriez oublier.

2. Un faux-pas que vous avez commis.

3. Une parole que vous regrettez déjà.

B. *(Exposé oral)* Préparez une émission radiophonique où vous annoncez que la fin du monde est imminente. Vous pouvez vous inspirer, si vous la connaissez, de l'émission radiophonique d'Orson Welles diffusée à la BBC.

C. *(Devoir écrit)* Vous êtes soupçonnée / soupçonné, à tort, d'être un agent secret. Vous retrouvez un ami et vous lui racontez vos mésaventures, en essayant de le convaincre que vous n'êtes pas une espionne / un espion. Utilisez des négations.

D. *(Sketch)* Vous êtes allée / allé dans un endroit (pays, ville, réception, fête…) qui ne vous a pas plu du tout. Expliquez pourquoi et essayez de persuader un groupe d'étudiants de ne jamais y aller. Utilisez dans la mesure du possible : *ne… pas, ne… plus, ne… jamais, ne… pas encore.* Vous pouvez, si l'endroit s'y prête, réaliser un dépliant qui serait une parodie des dépliants publicitaires de voyages.

Chapitre

9

Le Genre, le nombre et les adjectifs

Programme de laboratoire

MISE EN PRATIQUE

Exercice 1

Imaginez qu'Isabelle est une amie d'enfance que vous n'avez pas vue depuis longtemps. Elle habite maintenant dans un appartement à Paris. Vous habitez dans une maison en province. Au cours d'une conversation téléphonique, vous discutez de votre logement. Engagez la conversation selon les indications données dans votre cahier. Quand aucun adjectif n'est précisé, utilisez celui de la phrase entendue.

Exemple :   Vous entendez Isabelle dire : Tu sais, ici, ce n'est pas le grand luxe, j'ai un tout petit appartement.

             Votre cahier indique : Moi non plus, ce n'est pas le grand luxe, je (avoir / tout petit / maison).

             Vous dites : Moi non plus, ce n'est pas le grand luxe, j'ai une toute petite maison.

1. **Isabelle :** …
       Vous : Dans mon cas aussi, ce (être / maison / neuf / bien meublé).

2. **Isabelle :** …
       Vous : Je ne suis pas dans la même situation, je n'aime pas beaucoup ma maison. Pour moi, ce (ne pas être / meilleur / maison) de la ville.

3.   **Isabelle :** …
     Vous :   J'ai un peu plus de chance, je (avoir / grand / terrasse).

4.   **Isabelle :** …
     Vous :   Moi, c'est pareil, je (avoir / grand / bibliothèque / ensoleillée).

5.   **Isabelle :** …
     Vous :   Comme tu peux t'en douter, à la campagne ce n'est pas la même chose, (maison / ne pas être / bruyant).

6.   **Isabelle :** …
     Vous :   (maison / être / plus traditionnel), par exemple, je (avoir / commode / ancien).

Exercice 2

Imaginez que vous avez une sœur, Catherine, avec laquelle vous avez peu de choses en commun. Vous n'êtes jamais d'accord. Engagez la conversation selon les indications données dans votre cahier et en utilisant l'adjectif de la phrase entendue.

Exemple :   Vous entendez Catherine dire : Qu'est-ce que tu veux faire ce soir ? Il y a un film intéressant à la télévision.
Votre cahier indique : Non, pas la télévision ! Il (y avoir / une pièce de théâtre… au Châtelet).
Vous dites :   Non, pas la télévision ! Il y a une pièce de théâtre intéressante au Châtelet.

Première partie

1.   **Catherine :** …
     Vous :   Tu as raison, elle aime le vert, mais je (penser acheter / une écharpe).

2.   **Catherine :** … !
     Vous :   Non, je ne trouve pas, mais Daniel Auteuil (être / un acteur…).

3.   **Catherine :** …
     Vous :   Non, je ne trouve pas, mais ce (être / un roman…).

4.   **Catherine :** …
     Vous :   Non, tu te trompes, ce n'est pas une femme, ce (être / un dessinateur de mode…).

Deuxième partie

Imaginez que Catherine vous parle. Dans vos réponses, utilisez le contraire de l'adjectif qu'elle utilise. Pour vous aider, les adjectifs utilisés dans l'exercice et leurs contraires sont imprimés dans votre cahier. Faites attention au genre des noms.

NOM _____ **DATE** _____ **COURS** _____

Adjectifs utilisés : fort / léger; grand / petit; froid / chaud; ancien / nouveau; long / court

Exemple :   Vous entendez Catherine dire : Je vais commander une assiette froide.
Votre cahier indique : Moi, je vais commander… potage…
Vous dites : Moi, je vais commander un potage chaud.

1. **Catherine :** …
   Vous : Moi, je préfère … boutiques.

2. **Catherine :** …
   Vous : Moi, je vais m'acheter … télévision.

3. **Catherine :** …
   Vous : Moi, je préfère … boissons …

4. **Catherine :** …
   Vous : Au contraire, je trouve que … journées …

Exercice 3

Écoutez le texte suivant où une femme, Zoë, discute de l'aspect international de sa famille. Ensuite, mettez les phrases que vous entendrez au féminin.

Zoë : Je suis …

Maintenant, réagissez aux commentaires suivants en les rectifiant selon le texte que vous venez d'entendre.

Exemple :   Vous entendez : Il paraît que Zoë est américaine.
Votre cahier indique : Non, son mari…
Vous dites : Non, son mari est américain.

1. … ?
   Vous : Non, son frère …

2. … ?
   Vous : Non, sa cousine …

3. … ?
   Vous : Non, sa mère …

4. … ?
   Vous : Non, son grand-père …

5. … ?
   Vous : Non, elle …

6. … ?
   Vous : Non, sa future belle-sœur …

Holt, Rinehart and Winston, Inc.

Exercice 4

Imaginez que vous avez une correspondante, Anne, qui vous a invitée/invité à venir passer une semaine à Paris. Vous vous rencontrez pour la première fois et vous comparez vos pays, vos cultures et vos centres d'intérêt. En utilisant le comparatif ou le superlatif, répondez aux questions selon les indications données dans votre cahier.

Exemple :   Vous entendez Anne dire : L'Angleterre est un très beau pays, n'est ce pas ?
Votre cahier indique : Oui, mais (France / plus / beau /pays).
Vous dites : Oui, mais la France est un plus beau pays.

1. **Anne :** … ?
    Vous : J'ai pris le ferry, c'est (plus / long / tunnel), mais le tunnel est (plus / cher / ferry).

2. **Anne :** …
    Vous : L'Angleterre est un pays (aussi / pluvieux / France), mais il est vrai qu'il y a (plus / brouillard / France).

3. **Anne :** …
    Vous : C'est vrai, à Paris, il y a (plus / grand / couturiers / monde).

4. **Anne :** … ?
    Vous : La Joconde est sans doute (tableau / plus / célèbre / monde).

5. **Anne :** … ?
    Vous : A mon avis, la Vénus de Milo est (plus / beau / statue / grecque).

6. **Anne :** … ?
    Vous : Je pense que la National Gallery est (aussi / grand / Louvre).

7. **Anne :** … ?
    Vous : Si, le Louvre est (plus / renommé). C'est peut-être le musée (plus / beau / monde).

8. **Anne :** …
    Vous : Je suis sûre que tu danses (mieux / elle).

9. **Anne :** … ?
    Vous : C'est vrai hélas, mais elle est toujours (plus / maladroit / élèves de son cours).

Holt, Rinehart and Winston, Inc.

NOM _____ **DATE** _____ **COURS** _____

CONVERSATIONS DIRIGÉES

Conversation I

Robert parle de plusieurs membres de sa famille en ne mentionnant que les hommes. Danielle, au contraire, ne parle que des femmes. Vous jouerez le rôle de Danielle en utilisant les indications données dans votre cahier.

Exemple : Vous entendez Robert dire : Mon père est infirmier dans un grand hôpital.
Votre cahier indique: **Danielle :** Tiens! Quelle coïncidence ! Ma… est… dans une clinique privée.
Vous dites : Tiens ! Quelle coïncidence ! Ma mère est infirmière dans une clinique privée.

1. **Robert :** …
   Danielle : Ma … est … à KLM.

2. **Robert :** …
   Danielle : Ma … est … dans une clinique à Boston.

3. **Robert :** …
   Danielle : Ma … est … à Beijing.

4. **Robert :** …
   Danielle : Mon … Pauline a accusé … de…

5. **Robert :** …
   Danielle : Selon ma …, Catherine Deneuve est …

6. **Robert :** …
   Danielle : Ma … Viviane ne s'entend pas du tout avec sa …

7. **Robert :** …
   Danielle : Ma … est…

8. **Robert :** …
   Danielle : Ma … n'est pas … de moi.

9.a) **Robert :** …
   Danielle : Ma … est un ange à l'école.

9.b) **Robert :** …
   Danielle : Ses … sont toujours satisfaites d'elle.

10. **Robert :** …
    Danielle : J'ai une … qui m'a envoyé un souvenir du Sénégal.

Conversation II

Vous assistez à une grande réunion de famille. Pendant le repas, il y a un tel bruit qu'il est difficile de suivre la conversation. Écoutez d'abord ce que disent les invités autour de vous, puis ajoutez votre opinion ou votre commentaire.

Exemple :   Vous entendez : **Invité 1 :** Je fais du golf tous les samedis. Mon club est merveilleux.

Invité 2 : Moi, je préfère regarder les courses olympiques.

Votre cahier indique : Personnellement, je trouve les courses olympiques (fascinant).

Vous dites : Personnellement, je trouve les courses olympiques fascinantes.

1. **Invité 1 :** ...
   Invité 2 : ...
   Vous : Personnellement, je trouve les croisières (ennuyeux). C'est bon pour les gens à la retraite.

2. **Invité 1 :** ...
   Invité 2 : ...
   Vous : Moi, je pense que la soupe est (délicieux), mais un peu (relevé) pour mon goût.

3. **Invité 1 :** ...
   Invité 2 : ...
   Vous : Les pommes de terre sont (sublime).

4. **Invité 1 :** ...
   Invité 2 : ...
   Vous : J'aime les pommes avec le fromage. Celles-ci sont vraiment (croquant).

5. **Invité 1 :** ...
   Invité 2 : ...
   Vous : Justement, ça me fait penser aux enfants des Chaumont qui sont malades depuis quelque temps. Liliane est (hyperactif) et sa sœur est (boulimique). La mère est complètement (affolé) et ne sait pas quoi faire.

6. **Invité 1 :** ...
   Invité 2 : ...
   Vous : Ah, j'en ai entendu parler. Il s'agit de deux jeunes filles (jaloux) qui tuent leur ami en jetant un sèche-cheveux dans une baignoire (plein) d'eau.

7. **Invité 1 :** ...
   Invité 2 : ...
   Vous : Dans ma famille il n'y a que des docteurs. Ma sœur est (chirurgien esthétique) dans une clinique (grand) à New York.

NOM _____ DATE _____ COURS _____

8. **Invité 1 :** ...
   Invité 2 : ...
   Vous : Moi aussi, je l'ai vu dans cet accoutrement. Il portait des chaussures (blanc) ce jour-là. Il avait l'air très (artiste) !

9. **Invité 1 :** ...
   Invité 2 : ...
   Vous : On a enfin mis en solde une chemise (blanc) de Façonnable dont j'avais envie depuis très longtemps. Elle est en soie (naturel). A quinze dollars, j'ai fait une (bon) affaire.

10. **Invité 1 :** ...
    Invité 2 : ...
    Vous : Ma cousine est (italien), mais elle a passé sa jeunesse à Moscou parce que sa mère y était (ambassadeur) à l'époque.

Conversation III

Une amie, Joëlle, vous pose des questions. Répondez selon les indications données dans votre cahier.

Exemple : Vous entendez Joëlle demander : As-tu autant de temps libre qu'au semestre dernier ?
Votre cahier indique : Non, j'ai moins... qu'au semestre dernier.
Vous dites : Non, j'ai moins de temps libre qu'au semestre dernier.

1. **Joëlle :** ... ?
   Vous : J'ai vu autant ...

2. **Joëlle :** ... ?
   Vous : Les activités qui me prennent ... sont mes devoirs de maths et d'histoire.

3. **Joëlle :** ... ?
   Vous : Mon cours ... est mon cours de langue.

4. **Joëlle :** ... ?
   Vous : J'ai ... résultats dans mon cours de biochimie.

5. **Joëlle :** ... ?
   Vous : Mon professeur ... est mon professeur de physique.

Maintenant, votre ami Julien vous pose des questions à propos des loisirs.

1. **Julien :** ... ?
   Vous : Oui, ... qu'au semestre dernier.

Holt, Rinehart and Winston, Inc.

2. **Julien :** … ?
   Vous : Oui, … qu'à l'année dernière.

3. **Julien :** … ?
   Vous : Non, je … au cinéma.

4. **Julien :** … ?
   Vous : Oui, je … qu'à l'année dernière.

Maintenant, votre ami Étienne vous pose des questions sur la vie quotidienne.

1. **Étienne :** … ?
   Vous : Oui, je … que mes amis pour mon logement et pour ma nourriture.

2. **Étienne :** … ?
   Vous : Mes amis … aussi …

3. **Étienne :** … ?
   Vous : Mes … les fêtes que nous avons organisées.

4. **Étienne :** … ?
   Vous : On … à Écononippes quand il y a des soldes.

Conversation IV

Pour chacune des phrases que vous entendrez, faites une phrase de comparaison de supériorité. Suivez les indications données dans votre cahier.

Exemple : Vous entendez : Le professeur de chimie est ennuyeux.
Votre cahier indique : Le professeur de philologie… (plus)
Vous dites : Le professeur de philologie est plus ennuyeux.

1. …
   Vous : Celui-là est …

2. …
   Vous : Celle-là est …

3. …
   Vous : Un léopard court … (plus)

4. …
   Vous : Un bracelet en argent … (moins)

5. …
   Vous : Moi, je travaille de huit heures à onze heures. Je travaille …

NOM _____ DATE _____ COURS _____

6. ...
   Vous : Dans un style différent, Dolly Parton chante ... (aussi) ...

7. ...
   Vous : La pâtisserie américaine est ... (moins)

8. ... échecs *(chess)*
   Vous : Le jeu de dames *(checkers)* ... (moins) ...

9. ...
   Vous : La Renault 2CV (deux chevaux) est ... (plus)

10. ...
    Vous : Les jours en hiver ... (moins)

Conversation V

Écoutez la conversation entre Gilberte et Norbert. Ensuite, faites une phrase de comparaison à partir des indications données dans votre cahier.

Exemple :   Vous entendez : **Gilberte** : Combien de camarades de chambre as-tu ?
                       Norbert : Deux.
                       Gilberte : Moi, j'en ai trois.
           Votre cahier indique : Gilberte a...
           Vous dites : Gilberte a plus de camarades de chambre que Norbert.

1. **Gilberte :** ... ?
   Norbert : ...
   Gilberte : ...
       Vous : Norbert a ...

2. **Gilberte :** ... ?
   Norbert : ...
   Gilberte : ...
       Vous : Gilberte étudie ...

3. **Gilberte :** ... ?
   Norbert : ...
   Gilberte : ...
       Vous : Gilberte reçoit ...

4. **Gilberte :** ... ?
   Norbert : ...
   Gilberte : ...
       Vous : Norbert dort ...

5. **Gilberte :**   … ?
    Norbert :   …
    Gilberte :   …
        Vous :   Gilberte va …

6. **Gilberte :**   … ?
    Norbert :   …
    Gilberte :   …
        Vous :   Gilberte a …

Conversation VI

Faites des phrases avec un superlatif de supériorité.

Exemple :   Vous entendez : Christian est sympathique.
          Votre cahier indique : Christian… (sympathique / amis).
          Vous dites : Christian est le plus sympathique de ses amis.

1. …
    Vous : Evelyne … (intelligente / classe).

2. …
    Vous : Didier … (coureur / rapide / équipe).

3. …
    Vous : Mon frère … (paresseux / famille).

Maintenant, faites des phrases avec un superlatif d'infériorité.

4. …
    Vous : Serge … (jeune homme / conformiste / fraternité).

5. …
    Vous : Ces fromages … (fromages / chers / France).

6. …
    Vous : Ce sont … (tableaux / apprécié / musée).

NOM _____ **DATE** _____ **COURS** _____

TEXTES DE COMPRÉHENSION

Compréhension globale

Écoutez d'abord le texte. Ensuite, répondez aux questions de votre cahier.

La Peur
Guy de Maupassant

VOCABULAIRE

patte (f)	*paw*
acharné	*merciless*
fouillis (m)	*jumble*
bousculé	*shaken*
lueur (f)	*glow*
éclair (m)	*lightning bolt*
hache (f)	*ax*
hurler	*to howl*
affreux	*frightful, hideous*
sentir	*to smell, sniff*
angoisse (f)	*fear, terror*
gémissant	*whining, groaning*
cour (f)	*courtyard*
s'est tu (passé composé de **se taire**)	*became silent*
sursaut (m)	*involuntary start, jump*
glisser	*to slide*
frôlant	*brushing against*
gueule (f)	*mouth (of dogs and animals), muzzle*

Le texte que vous écouterez est librement adapté d'un conte de Guy de Maupassant. Il illustre bien le talent de l'auteur à accumuler les détails nécessaires pour créer une atmosphère de terreur. Maupassant fut intrigué toute sa vie par la psychologie de l'angoisse et les sentiments de persécution chez certains névrosés dont la conscience n'est pas tranquille. Il mourut lui-même au bord de la folie.

* * *

Résumé : *Au début du conte, le narrateur explique que par une nuit de tempête, dans une forêt obscure, un voyageur et son guide sont arrivés à une maison habitée par un garde forestier, sa femme et ses deux enfants. Le garde, qui avait tué un braconnier il y avait deux ans, se croyait depuis lors hanté par le fantôme de sa victime. Une atmosphère d'inquiétude régnait dans la maison... L'histoire continue ainsi :*

Narrateur : Le garde forestier, un vieil homme à cheveux blancs, ...
Le garde forestier : Voyez-vous, Monsieur, j'ai tué un homme...
Narrateur : Puis il a ajouté d'un ton qui m'a fait sourire :
Le garde forestier : Aussi, nous ne sommes pas tranquilles.
Narrateur : Je l'ai rassuré comme j'ai pu, ...

Holt, Rinehart and Winston, Inc.

Le garde forestier : Le voilà ! le voilà ! …
Narrateur : Les fils ont pris leurs haches…
Le garde forestier : Il le sent ! il le sent ! il était là quand je l'ai tué.
Narrateur : Cette vision de l'animal…

    Alors, pendant une heure, le chien a hurlé…
    Et le chien s'est mis à tourner autour de la pièce, …
    Il s'est tu aussitôt ; et nous sommes restés plongés…
    Alors un bruit formidable a éclaté dans la cuisine…
    Le lendemain, quand le garde forestier a enfin osé sortir…

• • •

Questions

1. Quels détails contribuent à créer une atmosphère de terreur dans ce récit ?

2. Pourquoi le garde forestier a-t-il tiré un coup de fusil ?

3. La conclusion de ce conte vous a-t-elle surprise/surpris ou non ?

NOM _____ **DATE** _____ **COURS** _____

4. Quelle autre conclusion pourriez-vous proposer à cette histoire ? Une fin amusante, par exemple, où on rirait d'avoir eu si peur.

_____

_____

_____

_____

_____

_____

_____

_____

_____

_____

_____

_____

_____

5. Connaissez-vous d'autres histoires (ou films) d'épouvante qui vous ont vraiment fait peur ? Racontez brièvement.

_____

_____

_____

_____

_____

_____

Holt, Rinehart and Winston, Inc.

_____

_____

_____

_____

_____

_____

_____

_____

_____

_____

_____

_____

_____

Compréhension, dictée et interprétation

En écoutant le texte La Venus d'Ille, *écrivez les mots qui manquent dans le texte reproduit dans votre cahier. Ensuite, répondez aux questions.*

La Vénus d'Ille

Prosper Mérimée*

Résumé : *Dans le conte,* La Vénus d'Ille, *Mérimée raconte la découverte, dans la région de Perpignan, d'une statue ancienne extrêmement belle mais à la fois troublante par son regard dédaigneux et cruel. Le riche antiquaire à qui la statue appartient va marier son fils à une jeune fille de bonne famille. Ce mariage de convenance sera interrompu par l'intervention de la statue—La Vénus—*

_____

*Mérimée, Prosper (1803–1870)   Auteur romantique qui doit sa célébrité à ses contes entre autres *Carmen, Mateo Falcone* et *La Vénus d'Ille.*

qui, de toute apparence, semble dotée de pouvoirs sinistres. Au bas de la statue figure une inscription latine dont la traduction est : « Si elle t'aime, prends garde à toi. »

Écoutez d'abord la description de la statue telle qu'elle est présentée par le narrateur de l'histoire de La Vénus d'Ille, *un archéologue venu de Paris pour visiter les environs d'Ille et qui assiste au mariage du fils de son hôte, M. de Peyrehorade. Ce dernier, tout heureux qu'il est d'avoir trouvé une antiquité romaine, est loin de se douter des complications qu'elle va produire.*

Narrateur : C'était bien une Vénus, et d'une merveilleuse beauté. Elle avait le haut du

corps nu, comme les anciens représentaient d'ordinaire les grandes divinités ; la main

droite, levée à la hauteur du sein, était tournée, la paume en dedans, le pouce et les

deux premiers doigts étendus, les deux autres légèrement ployés. L'autre main,

_____, soutenait la draperie qui couvrait la partie

inférieure du corps. L'attitude de cette statue rappelait celle du Joueur de mourre*

qu'on désigne, je ne sais trop pourquoi, sous le nom de Germanicus. Peut-être avait-

on voulu représenter la déesse jouant au jeu de mourre.

Quoi qu'il en soit, il est impossible de voir quelque chose de plus parfait que le

corps de cette Vénus ; rien de plus suave, de plus voluptueux que ses contours ; rien

de plus élégant et de plus noble que sa draperie. Je m'attendais à quelque ouvrage du

Bas Empire ; je voyais un chef-d'œuvre du meilleur temps de la statuaire.

Ce qui me frappait surtout, c'était _____, en sorte

qu'on aurait pu les croire _____, si la nature produisait d'aussi par-

faits modèles.

La chevelure, _____, paraissait avoir été dorée

autrefois. La tête, petite comme celle de presque toutes les statues grecques, était

_____ en avant. Quant à la figure, jamais je ne parviendrai à

_____

*Jeu de hasard, joué entre deux personnes qui simultanément montrent un certain nombre de doigts en criant le nombre total. La personne disant le nombre juste gagne la partie.

Holt, Rinehart and Winston, Inc.

exprimer son caractère étrange, et dont le type ne se rapprochait de celui d'aucune

statue antique dont il me souvienne. Ce n'était point _____

des sculpteurs grecs, qui, par système, _____.

Ici, au contraire, j'observais avec surprise l'intention marquée de l'artiste de rendre la

malice arrivant jusqu'à la méchanceté. Tous les traits étaient

_____ : les yeux un peu obliques, _____

des coins, les narines quelque peu _____ : Dédain, ironie, cruauté,

se lisaient sur ce visage d'une incroyable beauté cependant. En vérité, plus on regar-

dait _____, et plus on éprouvait le sentiment pénible

qu'une si _____ pût s'allier à l'absence de toute sensibilité.

—Si le modèle a jamais existé, dis-je à M. de Peyrehorade, et je doute que le ciel

ait jamais produit une telle femme, que je plains ses amants ! Elle a dû se complaire *(to

take pleasure)* à les faire mourir de désespoir. Il y a dans son expression quelque chose

de féroce, et pourtant je n'ai jamais vu rien de si beau.

Résumé : *Avant la cérémonie du mariage, le jeune marié voulant participer à une partie de pelote basque, avait ôté son anneau de mariage qui le gênait dans son jeu. Comme la statue de Vénus se trouvait près de lui, il en profita pour lui enfiler la bague au doigt dans le but de ne pas la perdre.*
Une autre bague, qu'il tenait d'une de ses maîtresses, dut lui servir d'alliance pendant la cérémonie. Les noces furent joyeuses. On dansa, et on but du vin à flot. Tout le monde était en gaîté excepté le jeune marié, qui, lorsqu'il avait voulu récupérer la bague de la statue n'avait pas pu. La statue avait recourbé son doigt, comme si la Vénus avait bien décidé de ne pas lui rendre la bague. Vers minuit les jeunes mariés se retirèrent dans la chambre nuptiale, mais leur nuit de noces fut remplie d'épouvante. Le lendemain matin on a retrouvé le marié mort, étranglé, dans son lit et la mariée tout à fait folle de chagrin et d'épouvante de ce qu'elle avait vu. Le texte de Mérimée reprend ainsi :

Narrateur : Elle était couchée, ... depuis quelques minutes, _____,

lorsque la porte de sa chambre s'ouvrit, et quelqu'un entra. Alors Mme Alphonse (la

mariée) était dans la ruelle* du lit, la figure tournée vers la muraille. Elle ne fit pas un

* ruelle : passage entre le bord du lit et le mur.

NOM _____ **DATE** _____ **COURS** _____

mouvement, _____. Au bout d'un instant,

le lit cria comme s'il était chargé d'un poids énorme. Elle eut grand'peur mais n'osa

pas tourner la tête. Cinq minutes, dix minutes peut-être... elle ne peut se rendre

compte du temps, se passèrent de la sorte. Puis elle fit un mouvement involontaire, ou

bien la personne qui était dans le lit en fit un, et elle sentit le contact de quelque

chose de froid comme la glace, ce sont ses expressions. Elle s'enfonça dans la ruelle,

_____. Peu après, la porte s'ouvrit une seconde

fois, et quelqu'un entra qui dit : « Bonsoir, ma petite femme. » Bientôt après, on tira

les rideaux. Elle entendit un cri étouffé. La personne qui était dans le lit, à côté d'elle,

se leva sur son séant et parut _____. Elle tourna la tête

alors... et vit, dit-elle, son mari à genoux auprès du lit, la tête à la hauteur de l'oreiller,

entre les bras d'une espèce de géant verdâtre *(greenish)* qui l'étreignait avec force. Elle

dit, et m'a répété vingt fois, pauvre femme ! ... elle dit qu'elle a reconnu... devinez-

vous ? La Vénus de bronze, la statue de M. de Peyrehorade... Depuis qu'elle est dans

le pays, tout le monde en rêve. Mais je reprends le récit _____.

A ce spectacle, elle perdit connaissance, et probablement depuis quelques instants elle

avait perdu la raison. Elle ne peut en aucune façon dire combien de temps elle

demeura évanouie. _____, elle revit le fantôme, ou la statue,

comme elle dit toujours, immobile, les jambes et le bas du corps dans le lit,

_____, et entre ses bras son mari, sans

mouvement. Un coq chanta. Alors la statue sortit du lit, laissa tomber le cadavre et

sortit. Mme Alphonse se pendit à la sonnette et vous savez le reste.

Résumé : *M. de Peyrehorade, le père du marié, mourut peu de temps après son fils. On fit fondre la statue pour en faire la cloche de l'église, mais... et c'est ainsi que Mérimée clôt son conte :*

Narrateur : Il semble qu'un mauvais sort poursuive ceux qui possèdent ce bronze. Depuis que cette cloche sonne à Ille, les vignes ont gelé deux fois.

Questions

1. Au bas de la statue figure une inscription latine dont la traduction est : « Si elle t'aime, prends garde à toi ». Pouvez-vous penser à d'autres exemples issus de la littérature ou de l'art, où la femme, l'amante, est représentée comme une figure dangereuse ?

   (Par exemple : dans l'opéra *Carmen* de Bizet, dont le livret est adapté du conte de Mérimée du même titre.*)

   _____

   _____

   _____

   _____

   _____

   _____

2. Après avoir écouté une seconde fois la première partie de ce texte, rédigez votre propre description de la statue de M. de Peyrehorade.

   _____

   _____

   _____

   _____

   _____

   _____

   _____

   _____

*Dans l'opéra de Bizet, Carmen, amoureuse de Don José chante : … « si tu ne m'aimes pas je t'aime… et si je t'aime prends garde à toi ».

Holt, Rinehart and Winston, Inc.

NOM _____ **DATE** _____ **COURS** _____

3. Quels sont les termes employés par l'auteur qui traduisent le fait que cette statue allie la beauté à l'absence de toute sensibilité ?

    _____

    _____

    _____

    _____

    _____

    _____

    _____

4. La seconde partie du récit raconte la nuit de noces d'épouvante des jeunes mariés. Décrivez-la comme si vous étiez la jeune mariée racontant cette nuit.

    _____

    _____

    _____

    _____

    _____

    _____

    _____

    _____

    _____

    _____

    _____

5. Comment expliquez-vous le comportement de la statue dans cette nouvelle de Mérimée ?

_____

_____

_____

_____

_____

_____

_____

_____

Après avoir écouté les deux poèmes de Baudelaire—« La Beauté » et « Hymne à la beauté »—pour en apprécier la musique, les rythmes et les images, décrivez les similitudes que vous voyez entre la « Vénus » de Mérimée et la « Beauté » dont parle Baudelaire.

Les Fleurs du mal : « La Beauté »

Charles Baudelaire

Je suis belle, ô mortels ! comme un rêve de pierre,
Et mon sein où chacun s'est meurtri tour à tour,
Est fait pour inspirer au poète un amour
Éternel et muet ainsi que la matière.

Je trône dans l'azur comme un sphinx incompris ;
J'unis un cœur de neige à la blancheur des cygnes ;
Je hais le mouvement qui déplace les lignes,
Et jamais je ne pleure et jamais je ne ris.

Les poètes devant mes grandes attitudes,
Qu'on dirait que j'emprunte aux plus fiers monuments,
Consumeront leurs jours en d'austères études ;

Car j'ai, pour fasciner ces dociles amants
De purs miroirs qui font les étoiles plus belles :
Mes yeux, mes larges yeux aux clartés éternelles !

NOM _____ **DATE** _____ **COURS** _____

Les Fleurs du mal : « Hymne à la beauté »

Charles Baudelaire

Viens-tu du ciel profond ou sors-tu de l'abîme,
Ô Beauté ? Ton regard, infernal et divin,
Verse confusément le bienfait et le crime,
Et l'on peut pour cela te comparer au vin.

Tu contiens dans ton œil le couchant et l'aurore ;
Tu répands des parfums comme un soir orageux ;
Tes baisers sont un philtre et ta bouche une amphore
Qui font le héros lâche et l'enfant courageux.

Sors-tu du gouffre noir ou descends-tu des astres ?
Le Destin charmé suit tes jupons comme un chien ;
Tu sèmes au hasard la joie et les désastres,
Et tu gouvernes tout et ne réponds de rien.

Tu marches sur des morts, Beauté, dont tu te moques ;
De tes bijoux l'Horreur n'est pas le moins charmant,
Et le Meurtre, parmi tes plus chères breloques,
Sur ton ventre, orgueilleux danse amoureusement.

L'éphémère ébloui vole vers toi, chandelle,
Crépite, flambe et dit : Bénissons ce flambeau !
L'amoureux pantelant incliné sur sa belle
A l'air d'un moribond caressant son tombeau.

Que tu viennes du ciel ou de l'enfer, qu'importe,
Ô Beauté ! monstre énorme, effrayant, ingénu !
Si ton œil, ton souris, ton pied, m'ouvrent la porte
D'un Infini que j'aime et n'ai jamais connu ?

De Satan ou de Dieu, qu'importe ? Ange ou Sirène,
Qu'importe, si tu rends, —fée aux yeux de velours,
Rythme, parfum, lueur, ô mon unique reine ! —
L'univers moins hideux et les instants moins lourds ?

_____

_____

_____

_____

Travaux complémentaires

MISE AU POINT

I. *Mettez le mot entre parenthèses au féminin.*

1. La façade (extérieur) _____ de ce bâtiment date de la Renaissance,

   mais la cour (intérieur) _____ a été (reconstruit) _____

   au dix-neuvième siècle.

2. Heureusement que sa maladie fut (bénin) _____.

3. La (premier) _____ fois qu'on a donné cette pièce, elle a été mal

   (reçu) _____. D'ailleurs, elle est beaucoup trop (long) _____.

4. Les (jeune) _____ étudiantes se rencontrent (chaque) _____

   semaine dans un café qui donne sur la place (public) _____ .

5. Je viens de recevoir une lettre (urgent) _____ de mon père.

6. Elles se sont acheté des chaussures très (chic) _____.

7. (Ce) _____ soupe (gras) _____ qu'il a mangée
   lui a donné une indigestion.

8. Si la sauce est trop (épais) _____, ajoutez-y un peu de lait.

9. (Quel) _____ est votre boisson (préféré) _____ ?

II. *Donnez le féminin des mots suivants. (Voir* La Grammaire à l'œuvre, *pages 217–220.)*

1. le chat gris : _____

2. un garçon muet : _____

3. un tigre féroce : _____

4. un héros allemand : _____

Holt, Rinehart and Winston, Inc.

5.   un artiste fier : _____

6.   un beau coq : _____

7.   le roi d'Angleterre : _____

8.   un grand bœuf : _____

9.   mon vieux compagnon : _____

10. un hôte charmant : _____

III.   *Dans les phrases suivantes, donnez l'équivalent féminin des mots masculins.*

1.   Son cousin est le secrétaire de l'ambassadeur.

_____

2.   Le duc est très vieux et presque sourd.

_____

3.   Le jeune cerf est mort.

_____

4.   Son mari est nerveux.

_____

5.   J'étais peureux quand j'étais petit.

_____

6.   Son cousin est vendeur.

_____

7.   Ce chien a mordu son maître.

_____

8.   Voulez-vous devenir un flûtiste célèbre ?

_____

9.   Le prince est fou.

_____

IV. *Dans les phrases suivantes, mettez les mots singuliers au pluriel, sauf quand le sens s'y oppose.*

1. Il a dû acheter un nouveau pneu pour sa voiture.

   _____

2. J'ai appris en lisant le journal qu'il y aurait un récital de musique baroque la semaine prochaine.

   _____

3. Mon ami est toujours très occupé pendant la période des examens.

   _____

4. L'auteur est souvent très mal payé.

   _____

5. Ce ruisseau a débordé l'année dernière et a causé des dégâts énormes.

   _____

6. Claire a oublié un détail important dans son exposé.

   _____

7. Mon genou me fait mal quand je fais trop de jogging.

   _____

8. Savez-vous conjuguer ce verbe à radical irrégulier ?

   _____

9. Est-ce que ce juriste pourra être impartial, étant donné la presse accordée à ce cas ?

   _____

10. J'ai vu un chandail vert en cachemire dans le magasin, mais le prix était astronomique.

    _____

11. As-tu vu le porte-avion de la flotte russe ?

    _____

12. Ce timbre-poste français est commémoratif.

   _____

13. Construira-t-on un jour un gratte-ciel à trois cents étages ?

   _____

14. Le dernier vers de ce poème est très célèbre.

   _____

15. Ce gratte-ciel qu'on vient de construire nous a privés de notre vue du port.

   _____

V. *Recommencez le paragraphe suivant par* Ma nièce… *et faites les changements nécessaires.*

Mon neveu est architecte. Il est veuf depuis des années. Il a perdu sa femme pendant la guerre du Viêt-Nâm. Maintenant, il est directeur d'une firme qui construit des appartements à Grenoble. Il est vif, sportif, aime jouer à tous les jeux. Il adore les enfants. Ce serait un époux idéal s'il voulait se remarier.

Ma nièce _____

_____

_____

_____

_____

_____

VI. *Accordez les adjectifs entre parenthèses et mettez-les à leur place correcte.*

Bélinda et le sorcier

Il était une fois une jeune fille qui habitait (une maison / joli / blanc)

_____ au bord d'une rivière. Comme elle n'avait pas d'amis

avec qui jouer, Bélinda — c'est ainsi que ses parents l'avait nommée — parlait aux animaux de la forêt qui la connaissaient si bien qu'ils s'approchaient sans peur quand elle

leur offrait à manger. (Des oiseaux / exotique) _____ avaient fait

leur nid dans les (arbres / majestueux) _____ entourant la

maison. Bélinda passait (des journées / entier) _____ à

écouter leurs chansons parfois (gai) _____ parfois (triste)

_____. Ou bien elle regardait (les poissons / rouge)

_____ qui nageaient dans (l'eau / limpide) _____

de la rivière. Depuis longtemps, elle vivait ainsi (heureux) _____,

complètement (isolé) _____ de (la vie / réel) _____,

protégée par (les esprits / bon) _____ de la forêt.

Elle ne se doutait pas que le danger menaçait. Dans (une cave / sombre) _____

_____ à l'autre bout de la forêt, habitait (un sorcier /

méchant) _____, (un homme / vieux / hideux)

_____ dont (la barbe / roux) _____

atteignait les genoux. (Ses yeux / vert foncé) _____ lui sortaient de la

tête comme ceux d'une grenouille. Jamais un rayon de soleil n'était tombé sur (son

visage / pâle / ridé) _____ . (Deux vautours / affamé)

_____ gardaient l'entrée de sa cave où, jour et nuit, il travaillait

à (un charme / maléfique) _____. Il voulait ensorceler Bélinda

et devenir (le maître / absolu) _____ de la forêt.

Après avoir fini ses préparatifs, le sorcier s'est transformé en bonne fée et est apparu

devant (les yeux / étonné) _____ de la jeune fille. D'(une

voix / mielleux) _____, il lui a dit : « Je suis ta bonne fée, et je t'apporte (un cadeau / merveilleux) _____ : une perle et un

diamant. Ce sont (des bijoux / magique) _____. Si tu jettes la

perle dans la rivière, tous tes désirs s'accompliront ; si tu montres le diamant au soleil, tu

deviendras la jeune fille la plus riche et la plus (beau) _____ du

monde. » Pendant qu'il essayait d'influencer Bélinda avec ses mensonges, le sorcier se

disait à lui-même : « Elle ne pourra pas résister. Elle est sûrement égoïste comme tous les

enfants et ne pensera pas que ces pierres sont (dangereux) _____. Son

(vœu premier / égoïste) _____ la changera en lézard, et je serai

le maître de la forêt. »

Bélinda, après avoir réfléchi longtemps, est allée à la rivière et, regardant dans l'eau, a

dit : « Voilà, (mes poissons / gentils) _____, (une perle / magique)

_____ pour vous. Maintenant, vous dînerez bien tous les jours. »

Puis, elle a pris le diamant et l'a tendu vers le soleil. Tout à coup (inspiré)

_____, Bélinda a regardé les arbres de sa maison : « Mes bons amis,

vous me protégez, vous me donnez de l'ombre, mais vos feuilles sont toujours (vert)

_____. C'est bien monotone. Tenez, je vous offre mon diamant. Vous

serez (les arbres / le plus beau) _____ de la forêt. »

Les rayons du soleil, traversant la pierre, sont devenus (une pluie / étincelant)

_____ de couleurs qui se posaient délicatement sur chaque

feuille. Bélinda, (émerveillé) _____, a contemplé la forêt avec joie.

Elle aurait voulu embrasser sa bonne fée, mais le vieux sorcier, ne pouvant plus

contenir sa rage, était rentré dans sa cave pour préparer (un charme / nouveau)

_____, plus fort, plus efficace… ou du moins, c'était son espoir.

Mais, nous savons bien que devant l'innocence et le bon cœur, il sera impuissant.

Et c'est ainsi que Bélinda a inventé l'automne.

VII. *Mettez le mot entre parenthèses à la forme comparative ou superlative qui convient.*

1. Ce problème est _____ (compliqué) que l'autre.

2. Je crois que ce baladeur *(walkman®)* en solde est _____ (bon) que l'autre. Si j'étais vous, je ne l'achèterais pas.

3. Ce banquet sera certainement _____ (somptueux) de l'année.

4. On décernera le prix au danseur _____ (habile).

5. Le professeur donne _____ (bonnes) notes aux étudiants qui font preuve d'intelligence et d'imagination.

6. Ce jeune homme est l'étudiant _____ (orgueilleux) que je connaisse. Personne ne peut le supporter.

7. A mon avis, ce chemisier blanc est _____ (joli) que le rouge. Tu peux acheter l'un ou l'autre.

8. Rodin est un de _____ (grands) sculpteurs du dix-neuvième

   siècle. Le Penseur, sa statue _____ (célèbre), se trouve au

   Musée Rodin à Paris.

9. Cette route est _____ (pittoresque) mais elle est

   _____ (rapide).

VIII. *Faites des phrases en mettant l'adjectif entre parenthèses à la forme superlative de supériorité.*

1. Voilà l'histoire (émouvante) que j'aie entendue.

   _____

2. C'est alors qu'il a commis son erreur (grande).

   _____

3. Cet air me rappelle les moments (doux) de ma vie.

   _____

IX.   *Refaites les phrases en mettant l'adjectif entre parenthèses à la forme superlative d'infériorité.*

1.   Avez-vous lu le premier roman de Couvrier ? C'est son œuvre (connu).

_____

2.   Nous avons pris les places (cher) au troisième balcon.

_____

3.   Il a joué avec grande facilité le mouvement (difficile) de la sonate.

_____

X.   *Remplacez les tirets par **que, de** ou **à**.*

1.   Ce résumé est presque aussi long _____ l'histoire.

2.   Elle a vendu les timbres les plus anciens _____ sa collection.

3.   Votre idée est meilleure _____ la mienne.

4.   Voilà le plus romantique _____ ses poèmes.

5.   C'est M. Beaufort qui m'a salué le plus chaleureusement _____ tous.

XI.   *Incorporez les adverbes entre parenthèses dans les phrases.*

1.   Cette rue est la plus pittoresque de la ville (de loin).

_____

2.   Si ce tapis d'Orient coûte plus de 3 000 francs, ne l'achetez pas (beaucoup). Certains marchands de cette ville profitent de l'ignorance des acheteurs (volontiers).

_____

_____

3.   Je vous recommande cette ligne aérienne. Elle est supérieure à l'autre (tellement) ! Les sièges sont plus larges (beaucoup). Il y a plus d'espace pour les jambes entre les rangs (nettement), et on offre le choix entre trois repas chauds (régulièrement).

_____

_____

_____

4. « Allons dehors ! », ont réclamé les étudiants. C'est plus agréable de travailler au soleil (infiniment).

_____

XII. *Formez des phrases avec les éléments suivants. Mettez l'adjectif au comparatif ou au superlatif.*

1. Diane / est / grande / et / forte / moi.

_____

2. L'interprétation de Sarah / me paraît / nuancée / celle / Judith.

_____

3. Le gardien / a été blessé / tigre / féroce / zoo.

_____

4. Il habite / vieille / maison / quartier.

_____

5. Ne prends pas / gros / morceau / gâteau.

_____

6. Ce film / a reçu / bonne / critique / année.

_____

7. Colette / est / sportive et agile / moi.

_____

8. Son bateau / avançait / vite / autres.

_____

9. Ce journal / se lit / facilement / autre.

_____

10. Voilà / diplomate / respecté / nouvelle administration.

_____

XIII.   *Faites des phrases ou écrivez un paragraphe avec les verbes suivants :* **se mettre à, arriver à, obliger à, parvenir à, condamner à.**

_____

_____

_____

_____

_____

_____

_____

_____

_____

XIV.   *Faites des phrases qui illustrent bien le sens des expressions ci-dessous en prenant la phrase donnée comme point de départ.(Voir* **Constructions,** *pages 231–233 de* La Grammaire à l'œuvre.*)*

1.   J'ai remarqué que le coût de la vie a beaucoup augmenté à Hawaï.

   de plus en plus

   _____

2.   Jean-Claude a passé une mauvaise année. Il a d'abord eu la grippe, puis il a failli se noyer dans une expédition de rafting.

   aller mieux

   _____

3.   Philippe avait du mal à se concentrer à l'école.

   faire de son mieux

   _____

4.   J'ai essayé de…

   tant pis

   _____

5. Pour réussir dans la vie, m'a dit mon père, …

   davantage

PROJETS DE COMMUNICATION

A. *(Discussion de classe)* Vos amis se laissent-ils influencer par la publicité ? Illustrez votre reponse.

B. *(Devoir écrit)* Imaginez que vous écrivez à un bureau qui se charge de trouver la personne de vos rêves à l'aide d'un ordinateur. Fournissez votre autoportrait ainsi que le portrait de la personne que vous désirez rencontrer.

C. *(Devoir écrit)* Décrivez le pays de vos rêves. Ce pays existe-t-il ? Utilisez une grande variété d'adjectifs.

D. *(Devoir écrit)* La première personne dont vous êtes tombée/tombé amoureuse/amoureux correspondait-elle à votre idéal ? Discutez vos similitudes et vos différences. Utilisez aussi : **autant de, plus que, le moins, le meilleur, mieux que,** etc.

Chapitre

10

Le Subjonctif

Programme de laboratoire

MISE EN PRATIQUE

Exercice 1

Aline est une étudiante un peu déprimée à l'approche des examens. Vous êtes sa meilleure amie. Imaginez qu'elle vous appelle et que vous essayez de lui remonter le moral. Engagez la conversation selon les indications données dans votre cahier.

Exemple :   Vous entendez Aline dire : Ça ne va pas aujourd'hui.
Votre cahier indique : Je suis désolée que ça (ne pas aller) aujourd'hui.
Vous dites : Je suis désolée que ça n'aille pas aujourd'hui.

1.   **Aline :** …
    Vous : Il ne faut pas que tu (être) déprimée.

2.   **Aline :** …
    Vous : Il ne faut pas que tu (dormir), il vaut mieux que tu (venir) te promener au parc avec moi un moment.

3.   **Aline :** …
    Vous : Je suis contente que tu (faire) un effort et que tu (aller) faire des courses.

4.   **Aline :** …
    Vous : Je regrette que tu (ne pas avoir) le courage de te faire à manger.

5. **Aline :** …
   Vous : Il faut que tu (finir) ce livre et que tu (écrire) ce devoir pour demain.

6. **Aline :** …
   Vous : Il faudrait que tu (reprendre) confiance en toi.

7. **Aline :** … !
   Vous : Je doute que se lamenter (être) la solution.

8. **Aline :** … ?
   Vous : Il est probable que je (rester) ici ce soir pour t'aider.

9. **Aline :** …
   Vous : Je suis ravie que tu (retrouver) ton dynamisme.

10. **Aline :** … ?
    Vous : Je ne crois pas que ce (être) une bonne idée. Je suis très mauvaise en biologie.

11. **Aline :** … !
    Vous : Je suis étonnée qu'elle (changer) d'humeur si vite.

Exercice 2

Dans la conversation suivante, Vincent et son ami Michel discutent les projets de vacances de Vincent. Vous jouerez le rôle de Michel.

Exemple : Vous entendez Vincent dire : Veux-tu que nous allions en Australie ?
Votre cahier indique : Non, il est impossible que je (y / aller).
Vous dites : Non, il est impossible que j'y aille.

1. **Vincent :** …
   Michel : Je ne crois pas que ce (être) une bonne idée.

2. **Vincent :** …
   Michel : Je suis étonné que tu (être) de cet avis.

3. **Vincent :** …
   Michel : Je ne suis pas convaincu que tu (posséder) les qualités physiques nécessaires pour ce sport.

4. **Vincent :** … ?
   Michel : Il est possible que tu (attraper) une maladie tropicale là-bas.

5. **Vincent :** …
   Michel : Je suis ravi que tu (avoir) de l'argent pour te payer des vacances.

Holt, Rinehart and Winston, Inc.

6. **Vincent :** ...

   Michel : Je suis surpris que tu me (demander) une telle chose deux semaines avant les vacances.

7. **Vincent :** ... ?

   Michel : Je ne crois pas que je (pouvoir) te prêter de l'argent.

8. **Vincent :** ...

   Michel : Je suis ravi que tu (trouver) une solution pratique.

CONVERSATIONS DIRIGÉES

Conversation I

Imaginez qu'un de vos amis, André, va chez le psychiatre, le célèbre Dr. Électrochoc, parce qu'il se sent déprimé depuis quelque temps. Le docteur, dont vous jouerez le rôle, est bienveillant et réagit à chacune de ses plaintes.

Exemple : Vous entendez André dire : J'ai peur des avions.

Votre cahier indique : **Dr. Électrochoc :** C'est dommage que vous (avoir peur) des avions.

Vous dites : C'est dommage que vous ayez peur des avions.

1. **André :** ...

   Dr. Électrochoc : Il n'est pas évident que la situation (être) si grave. Pouvez-vous me donner quelques précisions ?

2. **André :** ...

   Dr. Électrochoc : Il est regrettable que vous (se sentir) si déprimé.

3. **André :** ...

   Dr. Électrochoc : Il est anormal que vous (dormir) tant. Faites-vous un peu d'exercice pendant la journée ?

4. **André :** ...

   Dr. Électrochoc : Il faudrait que vous (reprendre) ces bonnes habitudes.

5. **André :** ...

   Dr. Électrochoc : Cela ne m'étonne pas que vous (avoir) de mauvaises notes. Il ne vous reste pas beaucoup de temps pour étudier si vous dormez seize heures par jour. Comment est votre appétit ?

6. **André :** ...

   Dr. Électrochoc : Il est inquiétant que vous (perdre) l'appétit à ce point-là. Il faudrait que vous (essayer) de manger davantage, même si vous n'avez pas faim. Vous allez finir par vous débiliter. Est-il possible que quelqu'un (pouvoir) préparer de bons repas pour vous mettre en appétit ?

7.   **André :** ...
   Dr. Électrochoc : Pourquoi ? Il est inconcevable que vous (être) si insupportable.

8.   **André :** ... ?
   Dr. Électrochoc : Je suis navré que vos symptômes (paraître) si intenses.

9.   **André :** ...
   Dr. Électrochoc : Je regrette que vos amis (ne jamais venir) vous voir. Ils pourraient au moins essayer de vous remonter le moral.

10.   **André :** ... ?
    Dr. Électrochoc : Il est probable que cela (prendre) beaucoup de temps, mais je ne suis pas convaincu que ce (être) impossible.

11.   **André :** ...
    Dr. Électrochoc : Il n'est pas bon que vous (passer) des nuits blanches comme cela.

12.   **André :** ... ?
    Dr. Électrochoc : Et puis, d'après vos rêves, j'ai bien peur que vous (ne pas être) en très bon contact avec la réalité.

13.   **André :** ... ?
    Dr. Électrochoc : Il est douteux que vos professeurs (être) tous des ogres.

14.   **André :** ... !
    Dr. Électrochoc : Ne vous alarmez pas ! Quant à vos rêves, nous les examinerons de plus près pendant nos discussions. Je crois qu'il faudrait que vous (commencer) votre traitement tout de suite.

15.   **André :** ...
    Dr. Électrochoc : Il est essentiel que vous me (dire) tout ce qui vous est arrivé depuis votre plus jeune âge.

16.   **André :** ... ?
    Dr. Électrochoc : Il est douteux que vos symptômes (disparaître) immédiatement.

17.   **André :** ... ?
    Dr. Électrochoc : En attendant, je peux vous prescrire des calmants qui vous (assurer) des nuits plus tranquilles.

18.   **André :** ... ?
    Dr. Électrochoc : Il faudra aussi que vous (prendre) un médicament contre la dépression.

19.   **André :** ... ?
Dr. Électrochoc : Il est possible que vous (pouvoir) reprendre vos cours dans deux ou trois mois.

Conversation II

Au déjeuner, le docteur Électrochoc confie ses impressions à une de ses collègues, le docteur Librium. Tantôt la collègue approuve et tantôt elle contredit le docteur. Vous prendrez le rôle du docteur Librium.

Exemple :   Vous entendez le docteur Électrochoc dire : Je crois que c'est un cas très urgent.
Votre cahier indique : **Dr. Librium :** Je ne crois pas que ce (être) un cas très urgent.
Vous dites : Je ne crois pas que ce soit un cas très urgent.

1. **Dr. Électrochoc :** ...
Dr. Librium : Je ne crois pas que ce jeune homme (être) paranoïaque.

2. **Dr. Électrochoc :** ...
Dr. Librium : Je ne pense pas qu'il (se plaindre) de vous.

3. **Dr. Électrochoc :** ...
Dr. Librium : Je souhaite qu'il (venir) à son prochain rendez-vous.

4. **Dr. Électrochoc :** ...
Dr. Librium : Il est douteux qu'il vous (mentir).

5. **Dr. Électrochoc :** ...
Dr. Librium : Il est peu probable qu'il (falloir) l'enfermer.

6. **Dr. Électrochoc :** ...
Dr. Librium : Cela m'étonnerait qu'il (se remettre) complètement.

Conversation III

Votre ami André vient se plaindre à vous du psychiatre qu'il vient de consulter. Vous réagissez à chacune de ses constatations.

Exemple :   Vous entendez André dire : Ce docteur Électrochoc est un charlatan.
Votre cahier indique : Je ne suis pas étonnée/étonné que ce docteur (être) un charlatan. Avec un nom comme le sien, je me méfierais de lui.
Vous dites : Je ne suis pas étonnée/étonné que ce docteur soit un charlatan. Avec un nom comme le sien, je me méfierais de lui.

1. **André :** ...
   Vous : Je regrette que son diagnostic (ne rien t'apprendre) et qu'il (parler) d'un traitement prolongé.

2. **André :** ...
   Vous : Je me suis bien douté qu'il (se faire payer) cent trente dollars de l'heure.

3. **André :** ...
   Vous : C'est dommage que tu (ne pas se sentir mieux) après la visite, mais il ne faut pas que tu (se décourager).

4. **André :** ...
   Vous : Cela m'étonne que tu (ne pas voir) tes professeurs. Quant à son cabinet, il est dommage que tu (ne pas s'y sentir) à l'aise. Mais cela m'étonnerait que ce (être) à cause des meubles.

5. **André :** ...
   Vous : Je ne trouve pas que ta description (correspondre) vraiment à la réalité. Es-tu sûr que tu (ne pas exagérer) ?

6. **André :** ...
   Vous : Il est curieux qu'il (boire) et qu'il (fumer) pendant les consultations.

7. **André :** ...
   Vous : Je doute que le docteur (être) fou. N'est-il pas diplômé de la Clinique Menninger ?

8. **André :** ...
   Vous : Écoute, tu fais comme tu veux, mais ce serait une mauvaise idée que tu (ne pas aller) au prochain rendez-vous. C'est toujours difficile au début. Il faut persévérer.

9. **André :** ...
   Vous : D'accord. J'espère que tu me (tenir) au courant de tes progrès.

NOM _____ **DATE** _____ **COURS** _____

TEXTES DE COMPRÉHENSION

Compréhension globale

Écoutez le texte extrait de Montesquieu. Ensuite, répondez aux questions de votre cahier.

Lettres Persanes : « Les Troglodytes »

Montesquieu*

Vocabulaire

le cœur serré de tristesse   *heart filled with sadness*
répandre   *to spill*
joug (m)   *yoke*
mœurs (f)   *customs*
lâche   *cowardly*
volupté (f)   *extreme pleasure, sensuousness*
couler   *to flow*
penchant (m)   *inclination*
aïeux (m)   *forebears*
affliger   *to afflict*

Résumé : *Dans son ouvrage* Les Lettres Persanes *(1721), Charles-Louis de Secondat, baron de Montesquieu, utilise le stratagème d'une correspondance entre deux Persans de son invention pour faire la critique de la société et des mœurs de son temps. Un de ces Persans, Usbec, parle dans une série de lettres d'un peuple imaginaire, les Troglodytes, qui après avoir vécu sous le joug de la violence, accepte enfin de vivre en paix suivant les lois de la raison et de la vertu. Cependant, les Troglodytes dont le nombre a grossi croient nécessaire de se choisir un roi.*

Narrateur : [Les Troglodytes] convinrent qu'il fallait déférer la couronne à celui le plus juste, …

　　　Lorsqu'on lui envoya des députés pour lui apprendre le choix qu'on avait fait de lui :
Le vieillard : A Dieu ne plaise que je fasse ce tort aux Troglodytes, …
Narrateur : A ces mots, il se mit à répandre un torrent de larmes.
Le vieillard : Malheureux jour ! Et pourquoi ai-je tant vécu ?
Narrateur : Puis il s'écria d'une voix sévère :
Le vieillard : Je vois bien ce que c'est, ô Troglodytes ! votre vertu commence à vous peser.…
Narrateur : Il s'arrêta un moment, … et ses larmes coulèrent plus que jamais.
Le vieillard : Eh ! que prétendez-vous que je fasse ? …

D'Erzédon, le 10 de la lune de Gemmadi 2, 1711.

---

*Montesquieu, Charles de Secondat, baron de la Brède et de… (1689–1755)   Écrivain et philosophe, auteur de *L'Esprit des lois* (1734). Ses idées sur la séparation des pouvoirs dans les gouvernements constitutionnels ont inspiré à la fois la Constitution de 1791 et indirectement la Constitution américaine.

Holt, Rinehart and Winston, Inc.

Questions

1. Pourquoi le vieillard ne veut-il pas accepter d'être le roi des Troglodytes ?

   _____

   _____

   _____

2. Quelles sont les grandes différences entre vivre sous le règne de la vertu et vivre sous le joug des lois, quelle que soit la forme du gouvernement ?

   _____

   _____

   _____

3. Les principes de la vertu et de la bonne volonté peuvent-ils suffire à régir un peuple ? Citez des exemples, tirés de l'actualité, qui donnent le démenti à l'idéalisme exprimé dans cette lettre.

   _____

   _____

   _____

   _____

   _____

   _____

   _____

   _____

   _____

   _____

   _____

NOM _____   DATE _____   COURS _____

4. Que faudrait-il faire pour créer une meilleure société ?

_____

_____

_____

Compréhension, dictée et interprétation

En écoutant le texte, écrivez les mots qui manquent dans le texte reproduit dans votre cahier. Ensuite, répondez aux questions.

Lettre de Gargantua à son fils Pantagruel
François Rabelais*

Resumé : *Le texte que vous entendrez est une adaptation très libre d'une lettre que Gargantua écrit à son fils Pantagruel, dans laquelle, en bon père, il l'encourage à faire de bonnes études. Cette lettre se trouve dans le huitième chapitre de* Pantagruel, *écrit par François Rabelais en 1532.*

Gargantua : Mon cher fils,

Il n'y a pas de satisfaction plus grande pour un vieux père que celle de savoir que ses

enfants, qui sont faits à son image, vivront après lui et préserveront l'immortalité de

son nom par une vie exemplaire. J'écris donc _____

et que tu te réjouisses d'avoir ainsi vécu.

Il est certain que les possibilités d'études sont bien plus grandes de nos jours qu'elles ne l'étaient du temps de Cicéron et de Platon. Il faudrait donc que tu en profites.

Je voudrais que _____, d'abord le grec, puis le

latin, puis l'hébreu. Il est important que ton style _____.

Quand tu étais jeune, j'ai insisté _____,

la géométrie, l'arithmétique et la musique. Je pense que tu y as pris goût. Il faudrait

_____, mais je ne veux pas que _____

à étudier l'astrologie.

———

*Rabelais, François (v 1483 ou v 1494–1553)   Grand humaniste et écrivain français de la Renaissance.

Il serait bon aussi que _____ tous les beaux textes qui

traite du droit civil *(civil law)* et que _____.

Quant à la nature, il est important que tout te soit connu. _____

_____ dont tu ne connaisses les poissons. Il faudra aussi que

_____, tous les arbres et tous

les métaux de la terre, toutes les pierreries précieuses de l'Orient. Il serait bon aussi

que _____. Il te faudrait également étudier

l'anatomie pour comprendre parfaitement l'homme.

Je ne veux pas que _____, le Nouveau Testament en grec

et l'Ancien en hébreu. Il convient que _____, que tu l'aimes et que

_____.

Sois toujours bon. Révère tes professeurs ; fuis *(flee)* la mauvaise compagnie.

Quand tu auras tout le savoir que l'on peut acquérir, je veux que

_____ avant de mourir.

Mon fils, que la paix et la grâce de Notre Seigneur _____ . Amen.

Ton père,

GARGANTUA

Questions

1. Quelle est la plus grande source de satisfaction pour un père, selon Gargantua ?

    _____

    _____

    _____

    _____

    _____

    _____

2. Quelles disciplines considère-t-il importantes (nommez-en trois) et lesquelles faut-il éviter ?

_____

_____

_____

_____

_____

_____

3. Qu'est-ce qu'il faudra que Pantagruel lise pour bien connaître la religion ?

_____

_____

_____

_____

_____

4. Quand Pantagruel aura fini ses études, que faudra-t-il qu'il fasse avant que son père ne meure ?

_____

_____

_____

_____

_____

_____

Réflexion

A. *Imaginez que vous avez reçu une lettre de votre père. Écrivez les suggestions que cette lettre contient en suivant le modèle de la lettre de Gargantua. Vous pouvez, si vous le préférez, reproduire les suggestions que vous avez reçues de votre conseillère/conseiller d'études. Après avoir écrit votre lettre, comparez-la à celle de Rabelais, écrite il y a plus de 450 ans. Quelles similitudes et quelles différences y voyez-vous ? Dans quelle mesure la société évolue-t-elle ? Dans quelle mesure reste-t-elle foncièrement la même ?*

Ma chère fille / Mon cher fils (Chère / Cher _____),

Il n'y a pas de satisfaction plus grande pour un vieux père que celle de savoir que ses enfants, qui sont faits à son image, vivront après lui et préserveront l'immortalité de son nom par une vie exemplaire. J'écris donc afin que tu _____

_____. Il est certain que _____

_____. Il faudrait donc que tu en profites.

Je voudrais _____.

Il est important que _____.

Quand tu étais jeune, j'ai insisté pour que _____

_____. Je pense que tu y as pris goût. Il faudrait

_____, mais je ne

veux pas que _____.

Il serait bon aussi que _____

_____ et que _____

_____.

Quant à la nature, il est important que _____

_____. Je souhaite qu'il _____

_____. Il faudra aussi que _____

_____. Il serait bon aussi que _____

_____. Il te faudrait également

_____.

Je ne veux pas que _____

_____. Il convient que _____

_____.

Sois _____. Révère _____, fuis

_____. Quand tu auras tout le savoir que

l'on peut acquérir, je veux que tu _____

_____ pour que je _____

_____.

Ma fille / Mon fils, que _____

_____.

Ton père,

_____

B. *En comparant la lettre que vous venez d'écrire au texte de Rabelais, parlez des différences que vous voyez entre l'instruction au Moyen Âge et celle d'aujourd'hui.*

_____

_____

_____

_____

_____

_____

Holt, Rinehart and Winston, Inc.

_____

_____

_____

_____

_____

_____

_____

_____

_____

_____

Travaux complémentaires

MISE AU POINT

I. *Mettez le verbe entre parenthèses à la forme correcte du subjonctif.*

1. Il faut que tu (être) _____ prudente/prudent.

2. Je ne pense pas que vous (connaître) _____ ce peintre.

3. Il est possible qu'ils (aller) _____ à Versailles.

4. Il ne faut pas que je (boire) _____ du café.

5. Pensez-vous que je (avoir) _____ tort ?

6. Elle est désolée que je (ne pas croire) _____ en Dieu.

7. Il ne faut pas que tu lui (dire) _____ cela.

8. J'aimerais que tu (voir) _____ un conseiller.

9. Jennifer est contente que je (pouvoir) _____ prendre mes vacances en même temps qu'elle.

10. J'ai peur que M. Perrier nous (retenir) _____ de force si nous essayons de quitter la maison.

11. Barbara se sent très fatiguée après son opération. Il est peu probable qu'elle

    (vouloir) _____ nous voir.

12. Quel dommage qu'il (ne pas savoir) _____ conduire un camion.

13. Il est temps que vous (évaluer) _____ les progrès que vous avez faits.

14. Je tiens à ce que vous (prendre) _____ un morceau de ce fromage. Je l'ai fait moi-même.

15. Je m'étonne qu'ils (revenir) _____ en Amérique après l'expérience qu'ils y ont eue.

16. Notre professeur d'histoire veut que nous (étudier) _____ la Constitution des États-Unis.

Holt, Rinehart and Winston, Inc.

II. *Mettez le premier verbe à la forme négative et faites les changements nécessaires dans le reste de la phrase.*

1. J'ai l'impression que les otages ont beaucoup souffert.

   _____

2. Nous sommes sûrs qu'il fera beau demain.

   _____

3. Je crois que ce restaurant sert des plats régionaux.

   _____

4. Je dis que c'est une erreur d'investir en ce moment.

   _____

5. Richard se souvient qu'on a fermé la porte à clé.

   _____

6. Il est probable qu'Interpol offrira un poste à Denise.

   _____

7. Elle croit que je suis alleé/allé dans un sous-marin.

   _____

8. Je suis convaincue/convaincu que cet auteur deviendra célèbre un jour.

   _____

III. *Combinez les deux phrases en choisissant la préposition ou la conjonction donnée entre parenthèses et en faisant les changements nécessaires.*

1. Je prendrai du lait. Je me coucherai. (avant de / avant que)

   _____

2. Il buvait depuis des années. Personne ne le savait. (sans / sans que)

   _____

NOM _____ DATE _____ COURS _____

3. Nous essaierons de finir nos devoirs. Nos invités arriveront. (avant / avant que)

   _____

4. Téléphone-moi. Je saurai que tu es bien arrivée/arrivé. (pour / pour que)

   _____

5. Il vend des articles de toilette. Il gagne de l'argent de poche. (pour / pour que)

   _____

6. Ils ont visité le musée d'Orsay. Ils sont allés déjeuner. (après / après que)

   _____

7. Nous pourrions déjeuner chez Maxim. Le restaurant est fermé pour congé annuel.
   (à moins de / à moins que)

   _____

IV. *Faites des phrases avec les éléments donnés.*

1. a. Je / vouloir *(conditionnel)* que / vous / voir / ce film dans sa version originale.

      _____

   b. Je / vouloir *(conditionnel)* / aller / Afrique / pour photographier les lions au
      Kenya.

      _____

2. a. Elle / avoir peur *(présent)* de / avoir oublié / son carnet de chèques à la maison.

      _____

   b. Elle / avoir peur *(présent)* que / son mari / avoir oublié / son rendez-vous avec le
      comptable.

      _____

3. a. M. Henri / prendre *(imparfait)* / souvent un petit verre de Chartreuse /
      avant de / se coucher / pour / mieux dormir.

      _____

    b. Je vois que le temps se gâte. Aller vite *(impératif)* / nager / avant que / il / pleuvoir.

_____

4. a. Il / allumer *(passé composé)* / cigarette / sans / demander la permission.

_____

    b. Il / dire *(imparfait)* du mal de moi / sans que / je / (le) savoir.

_____

V. *Traduisez.*

1. When you are in a tropical country, don't stay out in the sun from noon to two unless you wear a hat.

_____

2. Theresa hoped I would change my mind.

_____

3. Alan wanted to go to a Third-World country to study the living conditions directly.

_____

4. Chris and Karen were delighted to take the children to the zoo.

_____

5. Do you think that the water in this lake is polluted ?

_____

6. I doubt that this room will be big enough for the wedding reception.

_____

7. I am glad you *(tu)* had a good time at the hockey game even though we lost.

_____

VI. *Terminez les phrases suivantes.*

1. Le bébé a pleuré toute la nuit sans que...

   _____

2. Il est difficile de voyager sans...

   _____

3. Elle est désolée que vous...

   _____

4. Le professeur permet que...

   _____

5. Il serait important que...

   _____

6. Puisqu'il a plu, il vaudrait mieux que...

   _____

7. D'après les journaux, il semble que...

   _____

8. Après avoir vu Space Odyssey 2010, nous ne trouvons pas que...

   _____

9. Le président sera réélu à moins que...

   _____

VII. *Terminez les phrases en utilisant le verbe donné entre parenthèses. (Voir **Constructions**, pages 266–268, de* La Grammaire à l'œuvre.*)*

1. Où que vous (aller) dans cette ville, vos amis (aller) ...

   _____

2.   Philippe, qui sortait avec Josiane depuis deux ans, (ne pas s'attendre à ce que) …

_____

3.   Josianne tient à ce que …

_____

VIII.   *Faites des phrases (15 mots minimum) avec les expressions suivantes ou bien incorporez-les dans un paragraphe de votre invention :* **étant donné, quoique, s'attendre à, de façon à ce que, n'importe comment.** *Par exemple, racontez un petit désastre dont vous avez été le témoin ou un désastre évité grâce à votre intervention.* Voir **Constructions** *pages 266–269 de* La Grammaire a l'œuvre.

PROJETS DE COMMUNICATION

A. *(Devoir écrit)* Sous forme de lettre à une nouvelle étudiante / nouvel étudiant de votre université, offrez quelques bons conseils basés sur votre expérience personnelle. Utilisez les tournures suivantes.

il faut que
ne pensez pas que
il est possible que
c'est une bonne idée que
je suis contente / content que
il serait utile que
il est probable que
je suis certaine / certain que
j'espère que
c'est dommage que

B. *(Devoir écrit)* Il y a des arrivistes qui feraient n'importe quoi pour réussir dans la vie. Illustrez cette affirmation par une petite histoire inventée ou réelle.

C. *(Discussion de classe)* Si vous pouviez faire n'importe quoi, n'importe où, n'importe comment, seriez-vous heureuse/heureux ? Discutez.

D. *(Exposé oral)* Avez-vous un objet (une photo, un bibelot, etc.) auquel vous tenez beaucoup ? Racontez l'histoire de cet objet et expliquez-en l'importance.

Chapitre

11

Les Propositions relatives

Programme de laboratoire

MISE EN PRATIQUE

Exercice 1

Écoutez le petit texte suivant, puis combinez les phrases que vous entendrez en une seule phrase en formant des propositions relatives et en suivant les indications données dans votre cahier.

Les étudiants de ma résidence universitaire…

Il est né en Allemagne…

Ce jeune homme parle italien,…

Maintenant, combinez les phrases.

Exemple :   Vous entendez Grégoire dire : J'ai vu le film *Bleu*. On parle beaucoup de ce film en ce moment.
Votre cahier indique : J'ai vu le film *Bleu*. (parler / beaucoup) en ce moment.
Vous dites : J'ai vu le film *Bleu* dont on parle beaucoup en ce moment.

1.   **Grégoire :**   …
      Vous :   Les étudiants … (habiter / ma résidence universitaire) ont des talents variés.

2.   **Grégoire :**   …
      Vous :   Marie, … (être / ma camarade de chambre) est très studieuse.

3. **Grégoire :** ...
   Vous : Marie, ... (notes / être / meilleures) est aussi une musicienne très douée.

4. **Grégoire :** ...
   Vous : Le jeune homme ... (Marie / sortir) parle quatre langues.

5. **Grégoire :** ...
   Vous : Il est né en Allemagne. Il ne se souvient pas de ce pays ... (quitter / trop tôt).

6. **Grégoire :** ...
   Vous : Le village ... (parents / être originaires) est perché dans les collines de Toscane.

7. **Grégoire :** ...
   Vous : L'entreprise ... (faire son stage) est une multinationale basée à Paris.

8. **Grégoire :** ...
   Vous : Le travail ... (faire) a satisfait l'entreprise.

9. **Grégoire :** ...
   Vous : L'entreprise l'a envoyé à Barcelone ... (couvrir / les Jeux olympiques) en tant qu'interprète.

10. **Grégoire :** ...
    Vous : Ce jeune homme (parler / l'italien, l'allemand, le français et l'espagnol) semble prêt pour le grand marché européen.

Exercice 2

Écoutez le passage suivant, puis combinez les phrases en formant une proposition relative.

Ma voisine Éliane ...

Maintenant, combinez les phrases.

Exemple :   Vous entendez : Éliane a une collection fabuleuse de compacts-disques.
    Votre cahier indique : Éliane est très amateur de musique rock.
    Vous dites : Éliane, qui a une collection fabuleuse de compacts-disques, est très amateur de musique rock.

1. ...
   Vous : Nous... (Éliane nous apporte des disques).

2. ...
   Vous : Julien et Gilbert... (préparent des pizzas).

3. ... ?
   Vous : Avez vous goûté... (Julien et Gilbert ont préparé ces pizzas) ?

Holt, Rinehart and Winston, Inc.

4. …

   Vous : La harpe… est un joli instrument.

5. …

   Vous : La harpe… (Marie joue de cet instrument) est utilisée dans la musique classique.

Exercice 3

Dans chacune des situations suivantes, vous jouerez le rôle indiqué. Combinez les deux phrases en formant une proposition relative.

Exemple : Vous êtes au parc avec un enfant.

Vous entendez l'enfant dire : Voilà une grande statue.

Votre cahier indique : Le sculpteur de cette statue est très connu. Il s'appelle Rodin.

Vous dites : Voilà une grande statue dont le sculpteur est très connu. Il s'appelle Rodin.

Situation 1

Un acheteur et un vendeur sont dans une salle de vente d'automobiles. Vous serez le vendeur.

1. **L'acheteur :** … ?

   Le vendeur : C'est une Lancia. Nous venons de la recevoir d'Italie.

2. **L'acheteur :** … ?

   Le vendeur : Oui, c'est une voiture. Le moteur en est très puissant.

3. **L'acheteur :** … ?

   Le vendeur : Ce sont des sièges. Ils sont recouverts de cuir naturel.

4. **L'acheteur :** … ?

   Le vendeur : C'est une voiture. Les freins en sont excellents.

5. **L'acheteur :** … ?

   Le vendeur : C'est une voiture. Elle consomme 30 litres au cent (kilomètres).

6. **L'acheteur :** … ?

   Le vendeur : C'est une voiture. Le prix est très raisonnable. 75.000 dollars, taxes comprises.

7. **L'acheteur :** … ?

   Le vendeur : Mais non. Le prix est pour le modèle décapotable. J'ai mentionné le prix.

8. **L'acheteur :** … ?

   Le vendeur : Ah, c'est un modèle. Je peux vous le vendre à vingt pour cent de moins.

Situation 2

Un médecin parle à son malade. Vous serez le médecin.

1. **Le malade :** … ?
   Le médecin : C'est une maladie. La cause en est inconnue.

2. **Le malade :** … ?
   Le médecin : C'est une maladie. Les conséquences peuvent en être très graves.

3. **Le malade :** … ?
   Le médecin : Il y a de nouveaux médicaments. Je peux vous les prescrire.

4. **Le malade :** … ?
   Le médecin : C'est une condition. On en guérit assez rapidement.

Situation 3

Deux amis, Yves et Gilberte, bavardent quelques jours après les élections. Vous serez Yves.

1. **Gilberte :** … ?
   Yves : C'est un homme politique. Ses opinions sont très respectées.

2. **Gilberte :** … ?
   Yves : C'est un homme. Sa vie est exemplaire.

3. **Gilberte :** …
   Yves : En effet, ce sont des mesures. Ces mesures aideront les pauvres et ne favoriseront personne.

Situation 4

Deux étudiants, Jean-Claude et Christophe, bavardent après être allés au théâtre voir une pièce d'avant-garde. Vous serez Christophe.

1. **Jean-Claude :** … ?
   Christophe : C'est un dramaturge. J'ai vu toutes les pièces.

2. **Jean-Claude :** …
   Christophe : En effet. Les revues attaquent la pièce sur tous les fronts. J'ai lu ces revues.

3. **Jean-Claude :** … ?
   Christophe : C'est une pièce. On l'a traduite en plusieurs langues.

Exercice 4

Imaginez que vous parlez à Isabelle vers la fin de l'année scolaire. Vous allez partir faire un stage à l'étranger et vous venez de vous débarrasser de tout ce dont vous n'aviez plus besoin. Répondez aux questions d'Isabelle en remplaçant les noms en italique écrits dans votre cahier par des pronoms démonstratifs.

Holt, Rinehart and Winston, Inc.

NOM _____ DATE _____ COURS _____

Exemple : Vous entendez Isabelle dire : Quels vêtements emportes-tu ?
Votre cahier indique : J'emporte *les vêtements* / je / acheter en solde [passé composé].
Vous dites : J'emporte ceux que j'ai achetés en solde.

1. **Isabelle :** … ?
   Vous : J'ai vendu / *les livres* / ne plus avoir besoin [présente].

2. **Isabelle :** … ?
   Vous : Quelques-uns. Tu peux prendre / *les disques* / ne pas vendre [passé composé].

3. **Isabelle :** … ?
   Vous : Je la garde. C'est / *la bicyclette* / mes parents m'offrir [passé composé].

4. **Isabelle :** … ?
   Vous : Oui bien sûr. Je vous enverrai des cartes / *de tous les pays* / je / visiter [futur].

5. **Isabelle :** … ?
   Vous : Oui. Je vais emporter / *l'album* / tu me donner [passé composé].

CONVERSATIONS DIRIGÉES

Conversation I

Combinez la phrase que vous entendrez et celle qui est écrite dans votre cahier.

Exemple : Vous entendez : J'ai une vieille voiture.
Votre cahier indique : Je l'ai achetée à un très bon prix.
Vous dites : J'ai une vieille voiture que j'ai achetée à un très bon prix.

1. …
   Vous : Les freins de la voiture étaient défectueux.

2. …
   Vous : Tout le monde aime ce dessert.

3. …
   Vous : Tu te sers de ce couteau.

4. …
   Vous : Ce village se trouvait près d'une rivière.

5. … ?
   Vous : Tes parents t'ont offert cette voiture ?

Holt, Rinehart and Winston, Inc.

6.   ...

   Vous : Nous regardons ces émissions.

7.   ...

   Vous : Il a besoin de ce bois pour construire une étagère.

8.   ...

   Vous : Ces phrases illustrent bien le style de Voltaire.

9.   ...

   Vous : Ils sont contents de cette maison et elle ne leur coûte pas trop cher.

10.   ...

   Vous : Tu as préparé cette omelette et cette ratatouille pour le déjeuner.

11.   ...

   Vous : Je me souviens le mieux de ces poèmes.

12.   ...

   Vous : Le caractère de ces personnages est instable.

Conversation II

Combinez la phrase que vous entendrez et celle qui est écrite dans votre cahier en utilisant où, d'où,
par où.

Exemple :   Vous entendez : Le village est pittoresque.
   Votre cahier indique : Nous y passons nos vacances. [où]
   Vous dites : Le village où nous passons nos vacances est pittoresque.

1.   ...

   Vous : Nous allons à ce restaurant. [où]

2.   ...

   Vous : Je suis arrivé ce jour-là. [où]

3.   ...

   Vous : Je viens de ce village. [d'où]

4.   ...

   Vous : Il passe par ces routes pour aller à son travail. [par où]

5.   ...

   Vous : On contestait beaucoup l'autorité. [où]

6.   ...

   Vous : Les souris peuvent passer par ce trou. [par où]

Conversation III

Combinez la phrase que vous entendrez et la phrase écrite dans votre cahier en utilisant laquelle, lequel, de laquelle, duquel, à laquelle, *etc.*

Exemple :   Vous entendez : Voilà trois suggestions.
Votre cahier indique : Vous pouvez penser à ces suggestions. [auxquelles]
Vous dites : Voilà trois suggestions auxquelles vous pouvez penser.

1. …
   Vous : Nous serions morts de faim sans ce restaurant. [sans lequel]

2. …
   Vous : Nous devions choisir entre elles. [entre lesquelles]

3. … ?
   Vous : Nathalie parle à ces étudiants. [auxquels]

4. …
   Vous : J'ai beaucoup d'admiration pour elle. [pour laquelle]

5. …
   Vous : On a construit une nouvelle autoroute devant ces maisons. [devant lesquelles]

6. …
   Vous : Ses amis l'attendaient au bout de cette rue. [au bout de laquelle]

TEXTES DE COMPRÉHENSION

Compréhension globale

Vous écouterez d'abord un poème de Jacques Prévert composé de phrases incomplètes, mais qui dans leur ensemble racontent une histoire.

Paroles : « Le Message »

Jacques Prévert

• • •

La porte …

La porte …

La chaise …

Holt, Rinehart and Winston, Inc.

Le chat …

Le fruit …

La lettre …

La chaise …

La porte …

La route …

Le bois …

La rivière …

L'hôpital …

• • •

Questions

1. Quelle pourrait-être une interprétation possible de ce poème où quelqu'un reçoit un message ?

   _____

   _____

   _____

   _____

   _____

   _____

   _____

   _____

   _____

2. Quel rôle joue l'utilisation du passé composé dans cette liste d'objets perçus ?

   _____

   _____

   _____

   _____

   _____

NOM _____ **DATE** _____ **COURS** _____

3. En quoi est-ce que le dernier vers est ambigu ? (Tenez compte du fait que le verbe *mourir* se conjugue avec le verbe *être* au passé composé.)

_____

_____

_____

_____

_____

4. Quelle autre version de ce poème pourriez-vous imaginer à partir des premiers mots de chaque vers du poème de Jacques Prévert ?

La porte _____

La porte _____

La chaise _____

Le chat _____

Le fruit _____

La lettre _____

La chaise _____

La porte _____

La route _____

Le bois _____

La rivière _____

L'hôpital _____

Compréhension, dictée et interprétation

En écoutant le conte de Michelle Maurois intitulé Le Cadeau de mariage, *écrivez les mots qui manquent dans le texte reproduit dans votre cahier. Ensuite, répondez aux questions.*

Le Cadeau de mariage

Michelle Maurois*

Résumé : *Monsieur et Madame Martin-Leduc viennent d'apprendre le mariage d'Irène La Madière. Celle-ci est une cliente importante de la banque où M. Martin-Leduc travaille. Il faut donc que les Martin-Leduc offrent un beau cadeau de mariage, ce qui n'est pas facile. D'abord, la somme d'argent dont ils disposent est limitée et puis, tous les magasins dans lesquels Mme Martin-Leduc est allée n'avaient que des objets trop chers. Alors, M. Martin-Leduc a proposé d'offrir un objet de leur maison, quelque chose dont ils ne se servaient plus. Ensemble ils cherchent dans leurs vitrines et dans leurs armoires qui regorgent d'objets qu'ils ont reçu en héritage, un objet qui pourrait servir de cadeau parfait.*
Le texte de Michelle Maurois reprend :

Mme Martin-Leduc : Il y aurait bien des objets qu'on pourrait donner ici, tu ne crois pas,

Léon ? Dans l'héritage de la tante Léopold, il y a beaucoup de choses _____

_____…

M. Martin-Leduc : On n'arrivera jamais à faire un paquet qui ait l'air convenable.

Mme Martin-Leduc : Ça, je m'en charge. J'ai du papier glacé blanc d'avant-guerre et de la vraie ficelle.

M. Martin-Leduc : Et par qui le faire porter ? Ils connaissent nos domestiques.

Mme Martin-Leduc : Le fils du concierge sera ravi de s'en charger.

M. Martin-Leduc : Quand un magasin livre un colis, il y a la marque de la maison.

Mme Martin-Leduc : Tu vois, Léon, comme je pense à tout : j'ai gardé toutes les étiquettes du mariage de Marc, pensant que ça pourrait servir… on n'a qu'à en coller une.

M. Martin-Leduc : Et s'ils veulent changer le cadeau ?

Mme Martin-Leduc : Ils n'oseront pas changer notre cadeau !

M. Martin-Leduc : Si tu crois qu'ils nous inviteront chez eux, ma pauvre Rose ! Non, si nous envoyons quelque chose d'ici, j'aime encore mieux ne pas mettre d'étiquette : elle aura pu se décoller en route.

Narratrice : Monsieur Martin-Leduc inspectait la vitrine d'argenterie où s'alignaient des plats, des cafetières de tous les styles, voisinant avec d'innombrables gobelets, coquetiers et menus objets d'argent.

M. Martin-Leduc : Il y a là dix ou douze salières, Rose… oh ! J'ai trouvé, ce seau à champagne… nous en avons des quantités dans la vitrine !

Mme Martin-Leduc : Tu n'y penses pas, mon ami ! D'abord, ce seau vient de mon côté, j'y tiens beaucoup, c'est un souvenir de ma pauvre grand'mère d'Amiens.

---

*Maurois, Michelle   Fille d'André Maurois. Femme de lettres.

Holt, Rinehart and Winston, Inc.

NOM _____ **DATE** _____ **COURS** _____

M. Martin-Leduc : Celle que tu n'as jamais connue ?

Mme Martin-Leduc : Justement… _____… et puis,

l'argenterie est un placement. Tu dis toi-même qu'il faudrait dépenser une fortune

pour en acheter, c'est la même chose.

M. Martin-Leduc : Non, pas tout à fait !

Mme Martin-Leduc : Attends, Léon !

Narratrice : Et Madame Martin-Leduc, après s'être entortillée dans une vieille robe de

chambre alla chercher un escabeau _____ et

ouvrit le haut d'une armoire. Là, étaient entassés des souvenirs et des cadeaux de trois

générations de Martin et de Leduc.

Mme Martin-Leduc : Voilà des bougeoirs en cristal. Viens voir, Léon !

M. Martin-Leduc : Des bougeoirs ! On ne se sert plus guère de bougies de nos jours : j'ai
peur que ça ne fasse pas bien plaisir à ces jeunes gens !

Mme Martin-Leduc : Ce n'est pas pour leur faire plaisir qu'on leur fait un cadeau.

M. Martin-Leduc : Qu'est-ce que tu as d'autre à me proposer ?

Mme Martin-Leduc : Un buste de Napoléon… non ! Un vase de Lalique… je ne le reconnais pas du tout. Et toi, Léon ?

M. Martin-Leduc : Non. Tu es sûre qu'il est à nous ?

Mme Martin-Leduc : Il doit être à Marc, mais comme il a oublié de l'emporter, il ne s'en
souviendra pas.

M. Martin-Leduc : Il le reconnaîtra quand il le verra chez La Madière… et puis il est très
laid.

Mme Martin-Leduc : Si par-dessus le marché, il faut que ce soit joli !

Narratrice : Elle continua à fourrager dans l'armoire…

Mme Martin-Leduc : Encore des bougeoirs… en argent cette fois ; non ! Une jardinière en
porcelaine… non ! Un encrier de bronze… non ! Tiens, une petite boîte en écaille
avec une miniature !

M. Martin-Leduc : Fais voir, Rose !

Narratrice : Madame Martin-Leduc tendit la boîte à son mari.

M. Martin-Leduc : C'est une bonbonnière *(candy box)*. Elle vient de chez la tante Léopold.
Elle l'avait près de son lit pleine de pastilles à l'eucalyptus pour la toux… elle doit
encore sentir…

Narratrice : Madame Martin-Leduc fouillait toujours.

Mme Martin-Leduc : Tiens, un magnifique écrin de cuir rouge, presque neuf… il est vide,
c'est dommage, il fait un effet fou !

M. Martin-Leduc : Mais, il a l'air un peu plus grand que la boîte… passe-le-moi.

Narratrice : La bonbonnière s'ajustait à la perfection dans le creux du satin blanc bouil-
lonné qui garnissait l'écrin.

M. Martin-Leduc : Rose, viens. On dirait que c'est fait exprès.

Résumé : *En effet, la bonbonnière était une toute petite boîte sur laquelle on avait monté une miniature représentant une marquise. Cette boîte ne plaisait guère aux Martin-Leduc, qui étaient ravis d'avoir trouvé un cadeau convenable pour le mariage _____.*

Après l'avoir soigneusement nettoyé et empaqueté avec une carte qui disait : « Monsieur et Madame Léon Martin-Leduc avec leurs meilleurs vœux de bonheur » ont demandé au fils de la concierge de porter le cadeau chez Irène La Madière. Les Martin-Leduc se sont couchés satisfaits, la conscience tranquille.

    Le lendemain, ils ont reçu une lettre d'Irène qui les remerciait vivement.

Irène La Madière : « Chère Madame,
    Je ne veux pas tarder un instant de plus à vous dire nos remerciements émus pour votre merveilleux cadeau. Mon fiancé et moi sommes très touchés : nous le mettrons chez nous à la place d'honneur où nous espérons que vous viendrez le voir.
    Dites à Monsieur Martin-Leduc notre gratitude et croyez, chère Madame, à ma reconnaissante et respectueuse sympathie.

Résumé : *Le père d'Irène a également écrit un mot dans les termes les plus chaleureux. Les Martin-Leduc, très surpris de ces grands remerciements _____*

pour un si petit cadeau, se demandaient si M. La Madière ne se moquait pas d'eux.

M. Martin-Leduc (se passant la main dans la mousse frisée de ses cheveux) : Sapristi ! Crois-tu qu'il se paye notre tête ?
Mme Martin-Leduc : Je ne pense pas qu'il oserait. Ils sont peut-être simplement polis.
M. Martin-Leduc : C'est plus que de la politesse !
Mme Martin-Leduc : Elle était gentille, cette petite boîte. Elle leur a peut-être fait plaisir.
M. Martin-Leduc : Non. Je pense que La Madière veut être aimable ; il doit avoir besoin d'un service.
Mme Martin-Leduc : J'ai une idée. Ils ont peut-être mélangé les cartes : c'était arrivé avec les cadeaux de Marc. On avait tout ouvert en même temps et tout confondu. Peut-être qu'on a mis notre carte avec quelque chose de très bien.
M. Martin-Leduc : Oui, Rose, tu dois avoir raison : je n'y avais pas pensé. C'est parfait.

Résumé : *Le jour du mariage est enfin arrivé. Après la cérémonie, les invités se sont rendus chez les La Madière _____ dans la pièce de séjour. Mais les Martin-Leduc, curieux de savoir _____ de leur*

NOM _____ **DATE** _____ **COURS** _____

cadeau, sont entrés d'abord dans le petit salon _____

étaient exposés. Il y avait de l'argenterie, du cristal, des lampes, des vases, des services à porto. Sur

une table à part au fond de la pièce étaient rangés des bijoux de toutes sortes : perles, émeraudes,

diamants, et à la place d'honneur, on avait mis la petite bonbonnière des Martin-Leduc avec leur

carte de visite.

M. Martin-Leduc : Qu'en penses-tu, Rose ? Moi, je tombe des nues.

Résumé : *C'est alors que le frère de M. La Madière, un grand amateur d'art dont la collection était très célèbre à Paris, s'est approché des Martin-Leduc en disant :*

Le frère : Ah mes amis ! Comme vous avez gâté ma nièce : cette miniature de Boucher* qu'on a montée en bonbonnière est une des plus belles qu'il m'ait été donné de voir. On n'en connaît d'ailleurs que deux ou trois au monde. J'ai moi-même une collection de miniatures de cette époque, mais aucune ne peut se comparer à celle-ci. C'est une pièce unique : je me demande comment vous avez pu découvrir une semblable merveille. Je parcours depuis vingt ans les antiquaires d'Europe et n'ai rien vu de tel…

M. Martin-Leduc (bredouillant) **:** Euh ! C'est-à-dire… je suis content que cela leur ait fait plaisir…

Le frère : Plaisir ! … Vous pouvez être sûr que cela leur a fait plaisir ! Je donnerais toute ma collection pour ce trésor… Mais, Madame, vous ne vous sentez pas bien…

Narratrice : Madame Martin-Leduc était tombée lourdement sur une chaise et portait son mouchoir à ses lèvres.

Mme Martin-Leduc : C'est la chaleur, l'émotion, les fleurs !

M. Martin-Leduc : Je vais aller vous chercher un peu de champagne, vous avez besoin de vous remonter.

Mme Martin-Leduc (murmurant) **:** Oui…

Questions

1. Pourquoi les Martin-Leduc ne voulaient-ils pas acheter un cadeau de mariage dans un magasin ?

   _____

   _____

   _____

   _____

   _____

———
*Boucher, François (1703–1777)   Célèbre peintre, dessinateur et graveur du 18e siècle.

Holt, Rinehart and Winston, Inc.

2. Pourquoi Madame Martin-Leduc était-elle contente d'avoir trouvé la bonbonnière au fond d'une armoire ?

_____

_____

_____

_____

_____

3. Pourquoi les Martin-Leduc pensent-ils que M. La Madière se moque d'eux ?

_____

_____

_____

_____

4. A votre avis, que va faire Madame Martin-Leduc après la réception ?

_____

_____

_____

_____

Réflexion

A. *Quelle est la morale de cette histoire ?*

B. *Imaginez que vous êtes journaliste et que vous ayez à rédiger un compte-rendu de l'incident. Votre rédacteur en chef vous en demande une version de trente mots.*

_____

_____

_____

_____

_____

_____

_____

_____

_____

C. *Votre rédacteur en chef vous demande également d'aller interviewer Madame Martin-Leduc. Reproduisez les éléments principaux de votre conversation avec elle pour un article « en exclusivité. »*

_____

_____

_____

_____

_____

_____

_____

_____

_____

D.   *Pouvez-vous citer d'autres exemples d'actions que les gens prennent, souvent dans des buts bien intentionnés, mais qui se retournent contre eux ?*

_____

_____

_____

_____

_____

_____

_____

_____

_____

_____

_____

_____

Travaux complémentaires

MISE AU POINT

I.   *Combinez les deux phrases en utilisant le pronom relatif **dont**.*

1. Théodore a découvert une substance. Les propriétés de cette substance sont inconnues.

   _____

   _____

2. Nous lirons une biographie. L'auteur de cette biographie est célèbre.

   _____

   _____

3. Une tempête a détruit la ville. Personne n'avait pu prévoir la force de cette tempête.

   _____

   _____

4. La montre était suisse. Ma tante avait envie de cette montre.

   _____

   _____

5. Comprenez-vous la gravité du crime ? On accuse mon frère de ce crime.

   _____

   _____

6. Nous habitons une région. Le climat de cette région est très variable.

   _____

   _____

7.   Les étudiants ont paru à la télévision. La presse avait parlé de ces étudiants.

_____

_____

8.   Elle écrit des romans. L'intrigue *(plot)* de ces romans est très complexe.

_____

_____

II.   *Combinez les deux phrases en utilisant **ce qui, ce que, ce à quoi**.*

1.   Des gens disent que la lune influence nos destinées. Cela me semble difficile à prouver.

_____

_____

2.   Jean-François ne sort que très rarement. Cela explique sa gêne à la réception d'hier.

_____

_____

3.   Nicolas pense être à court d'argent. Cela l'ennuie beaucoup.

_____

_____

4.   Le voyage prend plus de temps aux heures de pointe *(rush hour)*. Cheryl n'a pas pensé à cela.

_____

_____

III.   *Combinez les deux phrases en utilisant le pronom relatif qui convient.*

1.   La petite table date de l'époque de Louis XVI. Ma mère m'a donné cette table.

_____

_____

2. Le tableau se trouve au Louvre. Vous m'avez parlé de ce tableau.

   _____

   _____

3. Les enfants ramassaient les coquillages *(shells)*. Les coquillages se trouvaient sur la plage.

   _____

   _____

4. Nous avons mangé des fruits de mer *(shellfish)*. Je ne sais même pas le nom de ces fruits de mer.

   _____

   _____

5. Les ingrédients sont difficiles à trouver. On fait ce plat avec ces ingrédients.

   _____

   _____

6. Les maux de tête étaient d'origine psychosomatique. Il souffrait de ces maux de tête.

   _____

   _____

IV. *Terminez les phrases suivantes.*

1. Une dame était assise dans un café à côté duquel…

   _____

   _____

2. C'est une industrie qui…

   _____

   _____

3. Le maire de ce village que…

_____

_____

4. Il y a eu un ouragan dont…

_____

_____

5. Sa guérison a commencé le jour où…

_____

_____

6. Nous avons déjà oublié tout ce que…

_____

_____

7. Le pilote américain auquel…

_____

_____

8. Je n'ai pas trouvé les vêtements dont…

_____

_____

V.   *Mettez l'infinitif entre parenthèses au participe présent et terminez les phrases.*

1. (Ne pas savoir) que répondre à la question du professeur, Julien…

_____

_____

2. En (descendre) la rue, Philippe…

_____

_____

3. En (rentrer) dans le salon, mes amis…

_____

_____

4. (Sortir) un bonbon de sa poche, ma tante…

_____

_____

5. En (agir) rapidement, …

_____

_____

6. (Avoir) encore un quart d'heure avant son train, Marion…

_____

_____

7. Tout en (boire) leur café comme ils l'avaient fait depuis des années, Irène et Nicolas…

_____

_____

VI. *Faites une phrase avec les expressions suivantes.*

1. descendre + *infinitif*

_____

_____

2. rentrer + *infinitif*

_____

_____

3. tout à coup

_____

_____

4. tout de suite

_____

_____

5. tout ce que

_____

_____

6. tout ce qui

_____

_____

7. tout le monde

_____

_____

8. le monde entier

_____

_____

VII. **Traduisez.** *(Voir **Constructions**, pages 287–290 de* La Grammaire à l'œuvre.*)*

1. He broke his leg while roller-skating (to roller-skate = *faire du patin à roulettes*).

_____

2. While waiting for the plane, I read the newspaper.

_____

3. I like walking along the beach.

   _____

4. While making his bed, he found a silver dollar under his pillow.

   _____

5. You will learn more by studying regularly.

   _____

6. He hurt his back lifting (to lift = *soulever*) a heavy armchair.

   _____

7. While writing this poem, he suddenly remembered entire episodes of his childhood.

   _____

PROJETS DE COMMUNICATION

A. *(Discussion de classe)* Lors de vos voyages à l'étranger, avez-vous remarqué des différences profondes entre les habitants des pays visités et ceux de votre pays ? Expliquez ces différences en insistant sur les différences culturelles et sociales, les modes de vie, les us et coutumes…

B. *(Devoir écrit)* Racontez un moment dans votre vie où vous avez agi avec courage. Employez autant de pronoms relatifs que possible.

C. *(Devoir écrit)* Est-ce que les cadeaux que vous offrez à vos amis leur font plaisir ? Donnez plusieurs exemples.

D. *(Devinette)* Décrivez un endroit que les étudiants de votre cours connaissent. En vous servant de propositions relatives, donnez autant de détails que possible sans révéler l'endroit. A la lecture de votre description, vos camarades essaieront de deviner l'endroit.

E. *(Devoir écrit)* Dans ses œuvres, Jules Verne décrit un grand nombre de réalisations technologiques qui font de lui un visionnaire. Par exemple, il évoque, au 19ème siècle, un appareil nommé le téléphote, qui est un téléphone auquel est ajoutée l'image. Évoquez une époque future et décrivez, à la manière de Jules Verne, un certain nombre d'inventions nouvelles.

Holt, Rinehart and Winston, Inc.

Chapitre

12

Le Discours indirect

Programme de laboratoire

MISE EN PRATIQUE

Exercice 1

Jacques, Julien, Alice et Miriam ont décidé d'aller faire du ski. Écoutez d'abord leur conversation, puis mettez les phrases que vous entendrez au discours indirect.

…

Maintenant, mettez les phrases au discours indirect.

Exemple :   Vous entendez Jacques dire : Je travaille chez IBM.
Votre cahier indique : Jacques a dit… (travailler / IBM)
Vous dites : Jacques a dit qu'il travaille chez IBM.

1. **Jacques :**   …
   Vous :   Jacques a dit … (partager / grande cabine).

2. **Alice :**   …
   Vous :   Alice a demandé à ses amis … (quelle heure / partir).

3. **Julien :**   …
   Vous :   Julien a suggéré … (partir / de bonne heure).

4. **Miriam :**   …
   Vous :   Miriam a dit … (se lever tôt / toujours / de toute façon).

Holt, Rinehart and Winston, Inc.

5. **Jacques :** ...
    Vous : Jacques a dit ... (vérifier / conditions routières).

6. **Jacques :** ...
    Vous : Jacques a dit ... (avoir / tempêtes).

7. **Miriam :** ...
    Vous : Miriam a dit ... (acheter / chaînes).

8. **Julien :** ... ?
    Vous : Julien a demandé ... (dîner au restaurant / préférer faire la cuisine).

9. **Alice :** ... ?
    Vous : Alice a demandé ... (avoir /chalets avec cuisine à louer).

10. **Julien :** ...
    Vous : Julien a dit ... (faire la cuisine / coûter moins cher).

Exercice 2

Imaginez que vous avez passé l'après-midi avec votre petite nièce Éloïse. Vous l'avez vue d'abord avec son ami Christian, puis avec sa mère dans la cuisine et au magasin. Écoutez d'abord la conversation. Ensuite, rapportez-la au discours indirect selon les indications données dans votre cahier.

Situation 1 : Dans le parc
Écoutez d'abord le dialogue.

...

Maintenant, mettez les phrases d'Éloïse et de Christian au discours indirect.

Exemple :   Vous entendez Éloïse dire : Christian, est-ce que tu veux jouer avec moi ?
Votre cahier indique : Elle a demandé à Christian si... (vouloir jouer / avec elle).
Vous dites : Elle a demandé à Christian s'il voulait jouer avec elle.

1. **Éloïse :** ... ?
    Vous : Éloïse a demandé à Christian si... (vouloir jouer / à la balle / avec elle).

2. **Christian :** ...
    Vous : Christian a répondu que non, que... (préférer la balançoire).

3. **Éloïse :** ...
    Vous : Éloïse a répondu que non, que... (ne pas aimer / la balançoire). Elle lui a demandé ... (jouer à cache-cache / fermer les yeux). Elle lui a dit que... (aller se cacher).

4. **Christian :** ...
   Vous : Christian a dit que ... (compter) jusqu'à dix. Un, deux, trois...

5. **Éloïse :** ...
   Vous : Éloïse a dit à Christian que ... (ne pas la trouver).

6. **Christian :** ...
   Vous : Christian a répondu que si, que... (la / trouver).

Situation 2 : Dans la cuisine

Écoutez d'abord le dialogue. Éloïse parle à sa maman.

...

Maintenant, mettez la conversation que vous venez d'entendre au discours indirect.

1. **Éloïse :** ... ?
   Vous : Éloïse a demandé ce que ce (être).

2. **Maman :** ...
   Vous : Sa maman a répondu que ce (être) un mixer.

3. **Éloïse :** ... ?
   Vous : Éloise a demandé à quoi ça (servir).

4. **Maman :** ...
   Vous : La mère d'Éloïse a répondu que ça (servir) à plein de choses, qu'on (pouvoir) faire des jus de fruits, des soupes, des purées, des sauces.

5. **Éloïse :** ... !
   Vous : Éloïse a dit qu'elle en (vouloir) un.

6. **Maman :** ...
   Vous : La mère d'Éloïse a dit qu'elle (ne pas en avoir besoin) pour le moment. Elle a ajouté que le lendemain, elle lui (acheter) un nouveau jouet.

Situation 3 : A la caisse

Écoutez d'abord la conversation entre Éloïse et sa mère.

...

Maintenant, mettez la conversation que vous venez d'entendre au discours indirect.

1. **Éloïse :** ... ?
   Vous : Éloïse a demandé à sa mère pourquoi elle (donner) des billets à la dame.

2. **Maman :** ...

   Vous : La mère d'Éloïse a dit que ce (être) pour payer tout ce qu'elle (acheter).

3. **Éloïse :** ... ?

   Vous : Éloïse a demandé pourquoi la dame lui (donner) des sous.

4. **Maman :** ...

   Vous : La mère d'Éloïse a expliqué que la dame lui (rendre) la monnaie parce qu'elle lui (donner) trop d'argent.

5. **Éloïse :** ... ?

   Vous : Éloïse a demandé à sa mère si elle (pouvoir) lui donner des sous pour s'acheter des bonbons.

6. **Maman :** ...

   Vous : La mère d'Éloïse a répondu que non, qu'elles (devoir) rentrer.

CONVERSATIONS DIRIGÉES

Conversation I

Imaginez que vous assistez à une interview d'un acteur français. Assise à côté de vous se trouve une personne un peu sourde qui vous demande de lui répéter tout ce qu'a demandé la journaliste.

Exemple : Vous entendez la journaliste demander : Quand avez-vous tourné votre premier film ?

Votre cahier indique : Elle lui a demandé... (tourner / premier film).

Vous dites : Elle lui a demandé quand il avait tourné son premier film.

1. **La journaliste :** ... ?

   Vous : Elle lui a demandé ... (arriver / Hollywood).

2. **La journaliste :** ... ?

   Vous : Elle lui a demandé ... (tourner / film)...

3. **La journaliste :** ... ?

   Vous : Elle lui a demandé ... (avoir / rôle principal).

4. **La journaliste :** ... ?

   Vous : Elle lui a demandé ... (jouer / rôle de la femme).

5. **La journaliste :** ... ?

   Vous : Elle lui a demandé ... (rester / Amérique).

6. **La journaliste :** ... ?

   Vous : Elle lui a demandé ... (venir / avec lui).

NOM _____ DATE _____ COURS _____

7. **La journaliste :** ... ?
    Vous : Elle lui a demandé (aller / New York).

8. **La journaliste :** ... ?
    Vous : Elle lui a demandé ... (penser de / cinéma américain).

9. **La journaliste :** ... ?
    Vous : Elle lui a demandé ... (intéresser le plus / en dehors de / métier).

10. **La journaliste :** ... ?
    Vous : Elle lui a demandé ... (avoir / le plus de succès / France).

Conversation II

Écoutez d'abord la conversation suivante. Ensuite, reprenez les questions au discours indirect.

Situation

Un étudiant rentre chez lui après son premier semestre à l'université. Son père et sa mère lui posent des questions à tour de rôle.

...

Maintenant, mettez les questions des parents au discours indirect.

Exemple : Vous entendez le père demander : As-tu de bons professeurs ?
Votre cahier indique : Le père a demandé à son fils... (avoir / bons professeurs).
Vous dites : Le père a demandé à son fils s'il avait de bons professeurs.

1. **Le père :** ... ?
    Vous : Le père a demandé à son fils (rencontrer / jeune fille).

2. **Le père :** ... ?
    Vous : Le père a demandé à son fils ... (la / voir / souvent).

3. **La mère :** ... ?
    Vous : La mère a demandé à son fils... (connaître / parents / jeune fille).

4. **Le père :** ... ?
    Vous : Le père a demandé à son fils... (savoir / ce que les parents de son amie / faire).

5. **La mère :** ... ?
    Vous : La mère a demandé à son fils... (Julie-Anne / s'intéresser).

6. **Le père :** ... ?
    Vous : Le père a demandé à son fils... (elle / naître).

7.   **La mère :**   … ?
     Vous :   La mère a demandé à son fils… (ça / devenir / sérieux) puisqu'ils se voyaient si souvent.

8.   **Le père :**   … ?
     Vous :   Le père a demandé à son fils… (compter / présenter son amie).

Conversation III

Deux camarades, Mélanie et Cristelle, se parlent. Écoutez leur conversation, puis répondez à la question posée par Jean-Louis, tantôt à propos de ce qu'a dit Mélanie, tantôt à propos de ce qu'a dit Cristelle.

Exemple :   Vous entendez : **Mélanie :** J'ai besoin de ton magnétophone. A quelle heure rentres-tu ?
                        Cristelle : Je serai de retour vers minuit.
                        Jean-Louis : Qu'est-ce que Mélanie a demandé à Cristelle ?
                        Mélanie : J'ai besoin de ton magnétophone. A quelle heure rentres-tu ?
             Votre cahier indique : Mélanie a demandé à Cristelle… (rentrer).
             Vous dites : Mélanie a demandé à Cristelle à quelle heure elle rentrait.

             Vous entendez : **Jean-Louis :** Qu'est-ce que Cristelle a répondu à Mélanie ?
                        Cristelle : Je serai de retour vers minuit.
             Votre cahier indique : Cristelle a répondu… (être de retour / vers minuit).
             Vous dites : Cristelle a répondu qu'elle serait de retour vers minuit.

1.   **Mélanie :**   … ?
     Cristelle :   …
     Jean-Louis :   … ?
     Mélanie :   … ?
     Vous :   Mélanie a demandé à Cristelle … (ranger / les affaires).
     Jean-Louis :   … ?
     Cristelle :   …
     Vous :   Cristelle a répondu… (ne pas avoir) le temps parce que… (aller au cinéma).

2.   **Mélanie :**   … ?
     Cristelle :   …
     Jean-Louis :   … ?
     Mélanie :   … ?
     Vous :   Mélanie a demandé à Cristelle… (finir / les problèmes de maths).
     Jean-Louis :   … ?
     Cristelle :   …
     Vous :   Cristelle a répondu… (les finir) et (les trouver) horribles aussi.

3.   **Mélanie :**   … ?
     Cristelle :   …

NOM _____ DATE _____ COURS _____

    Jean-Louis : ... ?
      Mélanie : ... ?
        Vous : Mélanie a demandé à Cristelle ... (mettre / les nouvelles cassettes).
    Jean-Louis : ... ?
      Cristelle : ...
        Vous : Cristelle a répondu ... (les laisser dans la voiture).

4.   **Mélanie :** ... ?
      Cristelle : ...
    Jean-Louis : ... ?
      Mélanie : ... ?
        Vous : Mélanie a demandé à Cristelle... (donner / un coup de main) avec son logiciel.
    Jean-Louis : ... ?
      Cristelle : ...
        Vous : Cristelle a répondu ... (l'aider) ... (connaître bien / le logiciel).

5.   **Mélanie :** ...
      Cristelle : ... ?
    Jean-Louis : ... ?
      Mélanie : ... ?
        Vous : Mélanie a dit à Cristelle ... (sa sœur lui / téléphoner) pendant ... (être /au cinéma).
    Jean-Louis : ... ?
      Cristelle : ... ?
        Vous : Cristelle a demandé ... (laisser / un message).

6.   **Mélanie :** ...
      Cristelle : ...
    Jean-Louis : ... ?
      Mélanie : ... ?
        Vous : Mélanie a demandé à Cristelle ... (lui prêter / dix dollars).
    Jean-Louis : ... ?
      Cristelle : ...
        Vous : Cristelle a répondu ... (falloir / passer) d'abord à la banque.

7.   **Mélanie :** ... ?
      Cristelle : ...
    Jean-Louis : ... ?
      Mélanie : ...
        Vous : Mélanie a dit à Cristelle ... (faire beau / aller à la montagne).
    Jean-Louis : ... ?
      Mélanie : ... ?
        Vous : Mélanie a demandé à Cristelle ... (avoir envie d'y aller).
    Jean-Louis : ... ?
      Cristelle : ...
        Vous : Cristelle a répondu ... (pouvoir prendre) sa Jeep.

Holt, Rinehart and Winston, Inc.

Conversation IV

Quand Roland est rentré chez lui, ses parents lui ont posé beaucoup de questions sur sa vie à l'université. De retour à l'université, Roland raconte à son camarade de chambre, Daniel, ses entretiens avec ses parents. Jouez le rôle de Roland qui parle à Daniel. Utilisez les indications données dans votre cahier.

Exemple :   Votre cahier indique : **Père :** Te couches-tu très tard ?
                                                Roland : Mon père m'a demandé…
            Vous dites : Mon père m'a demandé si je me couchais très tard.

1.   **Père :**   Quelle profession t'intéresse vraiment ?
   Roland :   Mon père m'a demandé…

2.   **Père :**   Qu'est-ce que tu as étudié le semestre dernier ?
   Roland :   Mon père m'a demandé…

3.   **Mère :**   Quels professeurs aimais-tu le plus dans ta discipline ?
   Roland :   Ma mère m'a demandé…

4.   **Mère :**   Partageras-tu un appartement avec Françoise et Anne ?
   Roland :   Ma mère m'a demandé…

5.   **Mère :**   Est-ce que tu manges une nourriture saine à l'université ?
   Roland :   Ma mère m'a demandé…

6.   **Père :**   Est-ce que tu vas nous écrire plus souvent ?
   Roland :   Mon père m'a demandé…

7.   **Père :**   Toi et tes amis, avez-vous participé à la grande régate du Prince Jean ?
   Roland :   Mon père m'a demandé…

8.   **Mère :**   Rentreras-tu à la maison pour les fêtes de Noël ?
   Roland :   Ma mère m'a demandé…

Daniel avoue à Roland que ses parents lui ont posé des questions très différentes. Jouez maintenant le rôle de Daniel qui rapporte les questions de ses parents à Roland.

1.   **Père :**   Est-ce que tu vas choisir la même profession que moi ?
   Daniel :   Mon père m'a demandé…

2.   **Père :**   Qu'est-ce que tu fais au lieu d'étudier ?
   Daniel :   Mon père m'a demandé…

3.   **Mère :**   Combien d'heures passes-tu à la piscine ?
   Daniel :   Ma mère m'a demandé…

4.   **Père :**   Est-ce que tu loueras le studio de Véronique ?
   Daniel :   Mon père m'a demandé…

5. **Mère :** Est-ce que tu prépares tes repas toi-même à l'université ?
    Daniel : Ma mère m'a demandé…

6. **Père :** Est-ce que tu écris des poèmes depuis longtemps ?
    Daniel : Mon père m'a demandé…

7. **Père :** Toi et tes amis, êtes-vous allés au Grand Canyon à Thanksgiving ?
    Daniel : Mon père m'a demandé…

8. **Mère :** Iras-tu à San Francisco pour voir tante Isabelle ?
    Daniel : Ma mère m'a demandé…

TEXTES DE COMPRÉHENSION

Compréhension globale

Écoutez le texte Un faux-pas. *Ensuite, répondez aux questions.*

Un faux-pas

Résumé : *Alain, qui vient de passer dix jours de congé à Saint-Tropez, est assis à la terrasse des Deux Magots et aperçoit une jeune fille dont il aimerait faire la connaissace.*

• • •

Alain : Pardon, mademoiselle, je crois que …
La jeune fille : C'est possible …
Alain (ne se laissant pas décourager) : Étiez-vous … ?
La jeune fille : Oui…
Alain (insistant) : Et avez-vous passé … ?
La jeune fille : Oui, mais … ?
Alain : Et le soir vous avez dîné …
La jeune fille (de plus en plus surprise) **:** Mais, je ne vous ai pas remarqué …
Alain : Ma table était à la terrasse …
La jeune fille : Et mon fiancé …

• • •

Questions

1. Quand la jeune fille a demandé à Alain comment il la connaissait, qu'a-t-il répondu ?

    _____

    _____

    _____

2. Vous est-il déjà arrivé de rencontrer quelqu'un dans des circonstances imprévues ou surprenantes ? Racontez brièvement.

_____

_____

_____

Écoutez la lettre de Mme de Sévigné à M. de Pomponne. Ensuite, répondez aux questions.

Lettre à M. de Pomponne
Mme de Sévigné*

VOCABULAIRE

historiette (f)   *anecdote*
se mêler de   *to take a hand in, attempt*
comme (= comment)   *how*
de toutes les façons   *of all kinds*
sot   *stupid*
fat   *pretentious*
bonnement   *simply, frankly*
fît (subjonctif imparfait) = fasse
jugeât (subjonctif imparfait) = juge
jamais   *ever*

Résumé : *Mme de Sévigné est une femme de lettres célèbre pour sa correspondance. Dans une lettre au marquis Simon Arnauld de Pomponne, elle raconte une anecdote amusante dont on peut aussi tirer une morale.*

• • •

LES PERSONNAGES

M. de Saint-Aignan, François, duc de Beauvillier (1610–1687)   *Patron of the arts and military man*
Dangeau, Philippe, marquis de Courcillon, (1638–1723)   *Writer of Memoirs*
Maréchal de Gramont, Antoine, duc de (1604–1678)   *Secretary of state in 1653*

• • •

Mme de Sévigné : Il faut que je vous conte une petite historiette, qui est très vraie, et qui vous divertira…
Le roi : Monsieur le maréchal, je vous prie, lisez ce petit madrigal, …

---

* Sévigné, Marie de Rabutin Chantal, marquise de… (1626–1696)   Connue pour ses *Lettres*, écrites sur une période de trente ans, et qui constituent un tableau vivant de la société de son époque.

Holt, Rinehart and Winston, Inc.

Mme de Sévigné : Le maréchal, …
Le maréchal : Sire, Votre Majesté juge divinement bien …
Le roi (riant) : N'est-il pas vrai …
Le maréchal : Sire, il n'y a pas moyen…
Le roi : Oh bien ! je suis ravi…
Le maréchal : Sire, quelle trahison ! …
Le roi : Non, monsieur le maréchal : …
Mme de Sévigné : Le Roi a fort ri de cette folie, …

• • •

Questions

1. Que pense le maréchal du madrigal que le Roi lui montre ?

   _____

   _____

   _____

2. Pourquoi le Maréchal veut-il revoir le madrigal ?

   _____

   _____

   _____

3. Que dit le Roi quand le Maréchal essaie de changer son jugement ?

   _____

   _____

   _____

4. Le Roi a trouvé cet incident amusant. Quelle leçon aurait-il apprise s'il y avait réfléchi sérieusement ?

   _____

   _____

   _____

5. Avez-vous jamais été la victime d'une ruse ? Racontez brièvement comment vous avez réussi à vous tirer d'affaire.

_____

_____

_____

Compréhension, dictée et interprétation

En écoutant le texte Le Proverbe, *écrivez les mots qui manquent dans le texte reproduit dans votre cahier. Ensuite, répondez aux questions.*

Le Proverbe

Guy de Maupassant

Note : En France, les devoirs sont notés sur 20 points, mais les professeurs donnent rarement les notes les plus élevées. Par conséquent, 1 entre 10 et 15 est considérée une bonne note, en dessous de 10 n'est pas remarquable. La note de 3 est carrément mauvaise.

Résumé : *Dans le conte* Le Proverbe *de Maupassant, un écolier nommé Lucien Jacotin éprouve des difficultés à faire ses devoirs, ce qui lui vaut l'irritation de son père, homme colérique et autoritaire, le mécontentement de son professeur et les moqueries de ses camarades.*
Le conte débute par une conversation tendue entre Lucien et son père à propos de ses devoirs.

M. Jacotin : Veux-tu me dire ce que tu as fait aujourd'hui ?
Lucien : J'ai été voir avec Fourmont la maison qui a brûlé l'autre nuit dans l'avenue Poincaré.
M. Jacotin : Comme ça, tu as été dehors toute la journée ? Est-ce que tu as fait tes devoirs ?
Lucien (murmurant) : Mes devoirs ?
M. Jacotin : Oui, tes devoirs.
Lucien : J'ai travaillé hier soir en rentrant de classe.
M. Jacotin : Je ne te demande pas si tu as travaillé hier soir. Je te demande si tu as fait tes devoirs pour demain... J'attends encore ta réponse, toi. Oui ou non, as-tu fait tes devoirs ?
Lucien (d'un air résigné) : Je n'ai pas fait mon devoir de français.
M. Jacotin : C'est donc bien ce que je pensais. Non seulement tu continues, mais tu persévères. Voilà un devoir de français que le professeur t'a donné vendredi dernier pour demain. Tu avais donc huit jours pour le faire et tu n'en as pas trouvé le moyen. Et si je n'en avais pas parlé, tu allais en classe sans l'avoir fait. Mais le plus fort, c'est que tu auras passé tout ton jeudi à flâner et à paresser.

Lucien, laisse-moi ce rond de serviette tranquille ! Je ne tolérerai pas que tu m'é-

coutes avec des airs distraits. Oui ou non, m'as-tu entendu ? Veux-tu une paire de

claques *(slaps)* _____ ? Paresseux, voyou, incapable !
Et veux-tu me dire ce que c'est que ce devoir ?

Lucien : C'est une explication. Il faut expliquer le proverbe : « Rien ne sert de courir, il faut partir à point. » (à point = à temps)

M. Jacotin : Et alors ? Je ne vois pas _____.

Va vite me chercher tes cahiers, et au travail ! Je veux voir ton devoir fini.

Résumé : *Lucien s'est diligemment mis au travail, mais comme il n'avait aucune idée comment expliquer le proverbe en question, tant celui-ci lui semblait évident, il n'a rien trouvé de mieux à faire que de se mettre à pleurer.*

M. Jacotin (attendri) : Allons, prends-moi ton mouchoir et arrête de pleurer. A ton âge, tu

sais bien que si je te traite parfois avec sévérité, c'est pour ton bien. Plus tard, tu diras :

« Il avait raison. » Un père qui sait être sévère, _____. …
Je vois bien que si je ne mets pas la main à la pâte (*lit.*, *put one's hand to the dough, i.e., get down to business*), on sera encore là à quatre heures du matin. Allons, au travail. Nous disions donc : « Rien ne sert de courir, il faut partir à point. » Voyons. Rien ne sert de courir…

Résumé : *Après avoir longtemps médité le sujet, M. Jacotin décide d'utiliser une compétition sportive comme exemple et demande à Lucien d'écrire sous sa dictée.*

M. Jacotin (lentement) : Allons, écris.*

Résumé : *Enfin, décidant que c'était plus facile d'écrire lui-même, M. Jacotin a saisi la plume et, se sentant très inspiré, produit un long document qu'il demande à son fils de recopier et de remettre au professeur. Lucien obéit, non sans quelques inquiétudes après avoir relu les élucubrations d'un style douteux que son père avait pondues pour lui.*
Une semaine plus tard, le professeur rend la copie corrigée avec les conséquences dont Lucien déjà ne se doutait que trop bien.

Le professeur : Dans l'ensemble, je suis loin d'être satisfait. Si j'excepte Béruchard à qui j'ai donné 13 et cinq ou six autres tout juste passables, vous n'avez pas compris le devoir.

En vous lisant, Jacotin, j'ai été surpris par une façon d'écrire à laquelle vous ne

m'avez pas habitué et qui m'a paru si mauvaise que je n'ai pas hésité à vous donner un

3. Vous avez trouvé le moyen de remplir six pages _____

_____. Mais le plus insupportable est ce ton prétentieux que vous

avez cru nécessaire d'adopter.

_____
* Vous écrirez cette partie de la dictée après avoir écouté le texte.

Holt, Rinehart and Winston, Inc.

Résumé : *Lucien souffrait en silence, victime à la fois des remarques désobligeantes de son instituteur et du rire de ses camarades. Il s'en voulait d'avoir soumis le devoir. En le recopiant, il avait bien vu les défauts du texte—les éléments faux et discordants—mais une confiance instinctive dans l'infaillibilité de son père l'avait emporté sur son bon jugement.*

Lucien : Pourquoi mon père a-t-il insisté pour expliquer ce proverbe ? A quoi bon expliquer des proverbes si on obtient des résultats pareils ? Mon père aura du mal à s'en remettre. Ça lui apprendra.

Résumé : *C'est avec ces pensées en tête que Lucien se met à table pour le repas familial. Écoutez, maintenant, le dénouement de ce conte.*

Narratrice : A table, M. Jacotin était de bonne humeur et presque gracieux. Il n'a pas immédiatement posé la question qui lui brûlait les lèvres et que son fils attendait. L'atmosphère du déjeuner n'était pas très différente de ce qu'elle était d'habitude. La gaieté du père, au lieu de mettre à l'aise la famille, était plutôt embarrassante.

M. Jacotin (avec brusquerie) : Au fait, et le proverbe ?

Narratrice : Sa voix révélait une émotion _____

qu'à de l'impatience. Lucien a senti qu'en cet instant il pouvait faire le malheur de

son père. Il comprenait que, depuis longtemps, son père vivait sur le sentiment de son

infaillibilité de chef de famille. En expliquant le proverbe, il avait engagé le principe

de son infaillibilité dans une aventure dangereuse. Non seulement le tyran domes-

tique allait perdre la face devant sa famille, mais _____

_____ qu'il avait pour sa propre personne. Ce serait un effondrement *(coup*

terrible pour son amour-propre). Lucien, effrayé par la faiblesse du père, s'est attendri

d'un sentiment de pitié généreuse.

M. Jacotin : Tu es dans la lune ? Je te demande si le professeur a rendu mon devoir ?

Lucien : Mon devoir ? Oui, on l'a rendu.

M. Jacotin : Et quelle note avons-nous eue ?

Lucien : Treize.

M. Jacotin : Pas mal. Et ton camarade de classe Béruchard ?

Lucien : Treize.

M. Jacotin : Et la meilleure note était ?

Lucien : Treize.

Résumé : *Le visage du père s'était illuminé. Lucien avait baissé les yeux et regardait en lui-même avec un plaisir ému. M. Jacotin lui a touché l'épaule .*

Holt, Rinehart and Winston, Inc.

NOM _____ **DATE** _____ **COURS** _____

M. Jacotin (avec bonté) **:** Vois-tu, mon cher enfant, quand on entreprend un travail, le

tout est d'abord d'y bien réfléchir. Comprendre un travail, c'est l'avoir fait plus qu'aux

trois quarts. Voilà justement ce que je voudrais te faire entrer dans la tête une bonne

fois. Du reste, à partir de maintenant et désormais, tous tes devoirs de français,

_____.

Dictée

Imaginez que vous êtes Lucien et que vous écrivez sous la dictée de son père :

_____

_____

_____

_____

_____

_____

_____

_____

Questions

1. Quels reproches le professeur a-t-il faits à Lucien ?

_____

_____

_____

_____

2. Pourquoi Lucien a-t-il décidé de ne pas révéler à son père la vraie note qu'il a reçue ?

   _____

   _____

   _____

   _____

3. En quoi la fin du conte est-elle ironique ?

   _____

   _____

   _____

   _____

   _____

Réflexion et improvisation

A. *Développez un des sujets suivants en mettant au discours indirect certaines conversations du texte que vous venez d'écouter.*

1. Il arrive dans beaucoup de familles que lorsque le père s'irrite contre un enfant, la mère prenne sa défense. Imaginez que Mme Jacotin raconte à une voisine la scène qui a eu lieu entre M. Jacotin et Lucien. Ajoutez les détails nécessaires pour rendre claire l'attitude navrée *(dismayed)* de Mme Jacotin.

2. Imaginez que M. Jacotin rencontre le professeur de son fils à une soirée chez des amis. Fier de lui, M. Jacotin mentionne le devoir qu'il a fait pour son fils. Le professeur essaie, aussi diplomatiquement que possible, de le détromper en lui expliquant ce qui s'est vraiment passé.

B. *Vous est-il arrivé une aventure semblable à celle de Lucien—un moment où le mensonge vous a paru nécessaire pour éviter de blesser une autre personne ?*

C. *A votre avis, quelle est la meilleure façon d'aider les jeunes gens à faire leur travail quand ils ont des difficultés à l'école ?*

_____

_____

NOM _____ **DATE** _____ **COURS** _____

_____

_____

_____

_____

_____

_____

_____

_____

_____

_____

_____

_____

_____

_____

_____

_____

_____

_____

Travaux complémentaires
MISE AU POINT

I. *Mettez le dialogue suivant au discours indirect au passé. Utilisez une variété de verbes introductifs.*

Situation : Jacques et David sont camarades de chambre. Jacques est toujours fauché et essaie d'emprunter de l'argent à David.

Jacques : Est-ce que tu peux me prêter cent dollars ?

_____

_____

David : Mais je t'ai déjà prêté cent dollars il y a deux jours. Qu'est-ce que tu en as fait ?

_____

_____

Jacques : Eh bien, je les ai dépensés. Je suis sorti avec Linda ce week-end. Notre dîner dans un modeste restaurant italien nous a coûté cinquante dollars et nos billets de cinéma ont coûté vingt dollars. Linda a gentiment offert de payer sa part, mais j'ai refusé.

_____

_____

_____

_____

_____

David (sarcastiquement) : C'est facile d'être galant avec l'argent des autres ! Et qu'est-ce que tu feras de ces cent dollars-ci, si je te les prête ?

_____

_____

_____

_____

Jacques (d'un air sérieux) : Je suis à l'université pour étudier ; il me faut des livres pour
mes cours, des cahiers et… euh, une nouvelle chemise.

_____

_____

_____

_____

David (curieux) : Qu'est-ce qui est arrivé à ta chemise ?

_____

_____

Jacques : Quand j'étais au restaurant, j'ai renversé de la sauce tomate sur ma chemise. J'ai
essayé de la laver avec de l'eau de Javel *(bleach)*. La tache est partie, mais la chemise est
toute déteinte.

_____

_____

_____

David : Je suis désolé, mais ça t'apprendra. La prochaine fois, fais plus attention. De toute
façon, des livres, tu en trouveras à la bibliothèque, et des chemises, je peux t'en prêter
une. Mais promets-moi de ne plus commander de lasagne !

_____

_____

_____

_____

Holt, Rinehart and Winston, Inc.

II. Constructions. *Placez l'adverbe dans les phrases suivantes à l'endroit qui convient. (Voir* La Grammaire à l'œuvre, *pages 307–309). Il y a parfois plusieurs solutions possibles.*

1. Viviane a compris le sens du poème. (bien)

   _____

   _____

2. Il y a eu une vague de chaleur. (récemment)

   _____

   _____

3. Cette idée est fausse. (complètement)

   _____

   _____

4. A-t-il répondu à votre question ? (correctement)

   _____

   _____

5. Nous ne pouvons pas y aller. (malheureusement)

   _____

   _____

6. Mes voisins se promènent après le dîner. (souvent)

   _____

   _____

7. Ma camarade de chambre parle quatre langues. (couramment)

   _____

   _____

8. Justin a offert de nous emmener dans sa voiture. (gentiment)

_____

_____

9. Tu répètes la même chose. (toujours)

_____

_____

10. Ce chanteur a refusé de signer un nouveau contrat. (obstinément)

_____

_____

III. **Faire causatif.** *Répondez aux questions en remplaçant les mots en italique par des pronoms.* *(Voir **Faire causitif,** pages 309–311 de* La Grammaire à l'œuvre.)

1. Le professeur est très exigeant.

   a. Est-ce que le professeur a fait lire trente pages *aux étudiants* ?

   _____

   _____

   b. Est-ce que le professeur a fait écrire une composition *aux étudiants* ?

   _____

   _____

   c. Est-ce que le professeur a fait corriger les devoirs par *sa femme* ?

   _____

   _____

2. Éliane nous a invités chez elle.

   a. Éliane vous a-t-elle fait voir *ses diapositives* ?

   _____

   _____

b. Éliane vous a-t-elle fait écouter *un disque de musique folklorique* ?

_____

_____

c. Est-ce qu'on lui a fait boire beaucoup de *tisanes (herbal teas)* ?

_____

_____

IV. *Faites des phrases avec **faire** + infinitif.*

1. (au présent)

_____

_____

2. (au passé composé)

_____

_____

3. (au futur)

_____

_____

V. **Traduisez.** *(Voir **Étude de verbes,** pages 309–313 de* La Grammaire à l'œuvre.*)*

1. He had a high fever so he sent for the doctor.

_____

_____

2. Charles showed me some new catalogues for camping equipment.

_____

_____

3. She had her hair cut very short.

   _____

   _____

4. I wanted to have the car repainted.

   _____

   _____

5. The teacher had the students write a play.

   _____

   _____

6. The heavy traffic made us lose an hour.

   _____

   _____

7. If you send Karen a card, it will make her very happy.

   _____

   _____

8. This wine makes my head spin.

   _____

   _____

9. Do you think the pâté I ate will make me sick ?

   _____

   _____

10. She won't let me pet the dog.

   _____

   _____

NOM _____ DATE _____ COURS _____

11. I heard that Lisa and Quentin are getting married.

_____

_____

12. From his window, he watched the children throwing snowballs.

_____

_____

13. His father will not let him drive the new car.

_____

_____

14. They won't let us do it.

_____

_____

VI. *Remplacez les tirets par à ou de là où c'est nécessaire. (Voir* **Étude de verbes,** *page 313 de* La Grammmaire à l'œuvre.)

Martine se demandait ce qu'elle voulait _____ faire dans la vie. Sa tante, un peu vieux jeu, lui avait conseillé _____ se marier et _____ avoir beaucoup d'enfants, mais Martine s'intéressait beaucoup au droit *(law)*, et ses professeurs lui ont suggéré _____ poursuivre une carrière dans ce domaine. Le père de Martine, qui était en voyage d'affaires à Hong Kong, lui a écrit _____ réfléchir sérieusement. Elle devrait penser à prendre la suite de son affaire d'importation. Après tout, elle était fille unique. Mais la mère de Martine, qui avait toujours rêvé _____ être actrice, disait constamment à sa fille _____ aller à Hollywood pour se faire _____ découvrir. Elle avait même demandé à un cinéaste qu'elle connaissait _____ venir _____ dîner, dans l'espoir que Martine se laisserait _____ charmer par la perspective de devenir une grande vedette. Martine ne voulait pas _____ offenser ses parents, mais c'était une jeune fille indépendante qui tenait _____ prendre ses décisions toute seule. A votre avis, qu'a-t-elle choisi _____ faire ?

Holt, Rinehart and Winston, Inc.

PROJETS DE COMMUNICATION

A. *(Devoir écrit)* Racontez une décision difficile que vous avez eu à prendre. Qui avez-vous consulté ? Qu'est-ce cette persone vous a conseillé de faire ? Qu'avez-vous enfin décidé de faire ? Racontez une partie de votre conversation au discours indirect au passé.

B. *(Reportage)* Deux ou trois étudiantes/étudiants demanderont à plusieurs de leurs amies/amis quelles seraient les bases d'une société parfaite. Tous prendront note avec soin des réponses et feront un reportage en classe au discours indirect.

C. *(Sondage)* Quelques étudiantes/étudiants prépareront un sondage à distribuer à leurs camarades et rapporteront au discours indirect le résultat, les opinions exprimées, etc.

D. *(Exposé oral)* Vous est-il arrivé de réconcilier deux personnes qui se disputaient ? Racontez.

E. *(Devoir écrit)* Écrivez un conte d'épouvante, ou bien faites le résumé d'une émission de La Quatrième dimension *(Twilight Zone)* que vous avez particulièrement appréciée.

F. *(Devoir écrit)* En prenant comme modèle soit le texte *Une Soirée désastreuse* à la page 297 de *La Grammaire à l'œuvre*, soit l'extrait de *Candide*, page 59, écrivez le récit d'un malheur qui vous est arrivé ou dont vous avez été le témoin, ou, si vous le préférez, racontez un moment de votre vie où « tout était pour le mieux dans le meilleur des mondes possibles ».

Holt, Rinehart and Winston, Inc.

Sujets de devoirs écrits ou de discussions

1. Vous êtes un philosophe et un sage qui vit à l'écart du monde. Vous observez les soucis des hommes et l'actualité avec curiosité. Vous êtes en train d'écrire un livre sur l'évolution de l'humanité dans les derniers siècles. Écrivez la première page de ce livre.

2. Doit-on dire *walkman*® ou *baladeur, week-end* ou *fin de semaine* ? Que pensez-vous des tentatives du gouvernement français de restreindre l'usage de l'anglais dans le monde des affaires ?

3. Platon couronnait les poètes, puis les chassait de sa République. Discutez.

4. L'artiste a-t-il un rôle à jouer dans la société moderne ? Lequel ?

5. « — Où sont les hommes ? demanda poliment le petit prince.

   — Les hommes ? Il en existe, je crois, six ou sept. Je les ai aperçus il y a des années. Mais je ne sais pas où les trouver. Le vent les promène. Ils manquent de racines, ça les gêne beaucoup. »

   Quelles réflexions sur l'humanité vous inspire ce dialogue entre une rose du désert et le petit prince, extrait du livre de Saint Exupéry, *Le Petit Prince* ?

6. Attendez-vous d'un film (d'une pièce de théâtre) qu'il soit une source de réflexion ou une simple distraction ?

7. Si vous étiez gouverneur d'un État, quelles seraient vos solutions aux problèmes urbains ?

8. Si vous disposiez d'une machine qui contrôle le climat, à quelles fins l'utiliseriez-vous ?

9. Croyez-vous à la possibilité d'une langue universelle comme l'Espéranto ?

10. « L'homme naît bon, le monde le rend méchant. » Discutez cette phrase de Rousseau.

11. L'américanisation de l'Europe est-elle désirable ?

12. Comme Jonathan Swift dans son texte *Modest proposal* ou comme Malthus, proposez votre solution au problème de la surpopulation.

13. A quel point êtes-vous consciente/conscient de l'influence du passé sur votre formation, votre style de vie et vos aspirations ?

14. Chacun a une phrase ou une maxime préférée qui semble lui correspondre parfaitement. Quelle est la vôtre ? Expliquez pourquoi.

15. Reste-t-il des tabous pour votre génération ?

Holt, Rinehart and Winston, Inc.

16. A la manière de Jules Verne, imaginez l'arrivée sur la terre d'êtres venus d'une autre planète. Quelles sont leurs réflexions ? Que trouvent-ils de différent par rapport à leur planète ?

17. L'an 3000. On découvre les vestiges de notre civilisation. Imaginez ce que l'on retrouve et ce que les gens de cette époque pensent de notre vie.

18. Si vous aviez à préparer une capsule contenant des objets devant représenter le plus fidèlement possible la vie à notre époque, qu'y mettriez-vous et pourquoi ?

19. Racontez votre film préféré à la classe. Vous pouvez, si vous le désirez, faire un petit exposé sur le réalisateur et les acteurs principaux.

20. Quels dangers aurez-vous à affronter dans votre avenir ? Êtes-vous optimiste ou pessimiste à ce sujet ?

21. « Trop de communication tue la communication. » Pensez-vous que l'utilisation intensive des moyens de communication perfectionnés réduise la communication interpersonnelle ?

22. Avez-vous déjà participé à une expédition scientifique ou autre ? Racontez.

23. Quel est le passe-temps le plus surprenant que vous ayez observé ?

24. L'ordinateur — ami ou ennemi de l'homme ? Expliquez quelles sont à votre avis les conséquences de l'utilisation de l'informatique sur le monde professionnel, la vie de famille, l'éducation, les loisirs.

25. Pensez-vous que le progrès technologique influence notre société, ou qu'au contraire, notre société soit maître du progrès technologique ?

26. « La terre est le berceau de l'humanité, mais l'homme ne passe pas sa vie dans un berceau. » Que vous inspire cette phrase de Constantin Tsiolkovski, ingénieur russe ?

27. Reste-t-il des valeurs absolues dans le monde moderne ?

28. L'homme est-il en train de se détruire en détruisant la nature ?

29. Un humoriste français a dit : « Mieux vaut être riche et bien portant que pauvre et malade.. » Quelle est pour vous la chose qui passe avant tout ? La santé, la richesse, la famille, le travail ?

30. Lisez-vous votre horoscope ? Vous laissez-vous influencer par l'astrologie ?

31. « La télévision a remplacé la veillée au coin du feu dans les campagnes autrefois. La télévision, c'est aussi le troubadour des temps modernes. La télévision est soupçonnée d'être un organisme qui vit et qui se maintient aux dépens des hommes. » Quelles réflexions vous inspirent ces trois phrases ?

32. Racontez votre première tentative culinaire.

33. La joie et l'angoisse de la création dans votre vie : votre premier poème, votre premier article de journal, un discours important que vous avez fait, etc.

Holt, Rinehart and Winston, Inc.

NOM _____ **DATE** _____ **COURS** _____

34. L'exploitation de l'homme par l'homme : la sous-traitance dans les pays du Tiers Monde.

35. Pourquoi la communication entre les hommes est-elle devenue si difficile ?

36. « Les cœurs de nos amis sont souvent plus impénétrables que les cœurs de nos ennemis. » (Valéry, *Instants*) Illustrez cette citation.

37. « Notre plus grande gloire n'est pas de ne jamais tomber, mais de nous relever chaque fois que nous tombons. » Illustrez cette citation de Confucius.

38. « Aimer, ce n'est pas se regarder l'un l'autre, c'est regarder ensemble dans la même direction. » Illustrez cette parole de Saint-Exupéry.

39. Écrivez un poème.

40. Donnez votre définition de la camaraderie, de l'amitié, de l'amour, de la jalousie, de l'envie, de la haine.

41. Avez-vous, dans votre vie, rencontré une personne sage ? Quelle a été l'influence de cette personne sur la conduite de votre vie ?

42. Vous avez été témoin de la destruction d'un vieux quartier populaire par les bulldozers pour construire un ensemble d'immeubles modernes et de bureaux. Essayez de décrire en quoi la vie du quartier sera changée : ce qui a disparu à tout jamais, et ce qui n'existait pas avant et qui désormais fera partie du quotidien.

43. Illustrez un des proverbes suivants : « A bon chat, bon rat », « Nul n'est prophète en son pays », « Qui se ressemble s'assemble. »

44. Quel est le don que vous aimeriez avoir ? Qu'en feriez-vous ?

45. La vie moderne avec ses rythmes accélérés (vitesse, distractions trop nombreuses, études trop nombreuses et superficielles) a un effet dévastateur sur l'âme et la vie intérieure. Discutez.

46. « La terre est bleue comme une orange. » Laissez aller votre imagination et créez des phrases en assemblant des mots qui ne vont normalement pas ensemble.

47. Vous suivez des yeux un avion dans le ciel. Imaginez son voyage.

48. « Ô mon âme, n'aspire pas à la vie immortelle, mais épuise le champ du possible. » Commentez cette parole de Pindare.

49. « Le langage est source de malentendus » a dit Saint-Exupéry. Qu'en pensez-vous ?

50. « Les hommes ont dévoré un dictionnaire et ce qu'ils nomment existe. » Commentez ces mots d'Éluard.

Holt, Rinehart and Winston, Inc.

Credits